Zur geistigen Welt der Franziskaner im 14. und 15. Jahrhundert

Scrinium Friburgense

Veröffentlichungen des Mediävistischen Instituts
der Universität Freiburg Schweiz

Herausgegeben von

Ruedi Imbach   Peter Kurmann   Pascal Ladner
Eckart Conrad Lutz   Aldo Menichetti   Carl Pfaff   Ernst Tremp

Band 6

1995
Universitätsverlag Freiburg Schweiz

Zur geistigen Welt der Franziskaner im 14. und 15. Jahrhundert

Die Bibliothek des Franziskanerklosters in Freiburg/Schweiz

Akten der Tagung des Mediävistischen Instituts der Universität Freiburg vom 15. Oktober 1993

Herausgegeben von

Ruedi Imbach und Ernst Tremp

1995

Universitätsverlag Freiburg Schweiz

Veröffentlicht mit Unterstützung
des Hochschulrates der Universität Freiburg,
des Franziskanerklosters Freiburg,
der Schweizerischen Provinz
der Franziskaner-Konventualen
und der Stadt Freiburg

Die Deutsche Bibliothek - CIP-Einheitsaufnahme

Zur geistigen Welt der Franziskaner im 14. und 15. Jahrhundert :
die Bibliothek des Franziskanerklosters in Freiburg/Schweiz ; Akten
der Tagung des Mediävistischen Instituts der Universität Freiburg
vom 15. Oktober 1993 / hrsg. von Ruedi Imbach und Ernst Tremp.
- Freiburg/Schweiz : Univ.-Verl., 1995
    (Scrinium Friburgense ; Bd. 6)
    ISBN 3-7278-0996-5
NE: Imbach, Ruedi; Tremp, Ernst [Hrsg.]; Mediävistisches Institut < Fribourg > ; GT

Satz: Mediävistisches Institut der Universität Freiburg Schweiz
Druck: Paulusdruckerei Freiburg Schweiz

ISBN 3-7278-0996-5

Vorwort

Das Franziskanerkloster in Freiburg birgt eine kaum bekannte und noch wenig erforschte Bibliothek aus dem Spätmittelalter. Die insgesamt rund neunzig Handschriften bilden weiterhum die einzige größere Büchersammlung eines mittelalterlichen Bettelordenskonvents, die in ungebrochener Kontinuität heute noch im Kloster aufbewahrt und von den Franziskanern behütet wird. Die Bibliothek reicht in die Anfänge des im Jahr 1256 gegründeten Klosters zurück. In ihrer Funktion als Gelehrten- und Studienbibliothek des 14./15. Jahrhunderts enthält sie namentlich einige bedeutende Codices philosophischen und theologischen Inhalts.

Über die Büchersammlung der Freiburger «Cordeliers» und, damit verbunden, über verschiedene Aspekte franziskanischen Geisteslebens des Spätmittelalters hat das Mediävistische Institut der Universität Freiburg am 15. Oktober 1993 eine Tagung durchgeführt. Den Anlaß dafür bot der sechzigste Geburtstag von Prof. Dr. Pascal Ladner, Ordinarius für Historische Hilfswissenschaften an der Universität Freiburg und Mitbegründer des Mediävistischen Instituts. Neben dem Jubilar selbst, der den Einführungsvortrag hielt, trugen sechs weitere Mitglieder des Instituts mit ihren Referaten zum Kolloquium bei. An der gut besuchten Tagung an der Universität Freiburg nahmen Fachleute aus der ganzen Schweiz teil. Nach den Vorträgen besichtigten die Teilnehmer am späteren Nachmittag die vielbesprochene Bibliothek, die heute in einem eigens dafür hergerichteten Raum des Franziskanerklosters aufgestellt ist. Zum Ausklang des an wissenschaftlicher und menschlicher Begegnung reichen Tages fand in der Kapelle des Bürgerspitals ein Konzert des Vokalensembles «Carmina» mit geistlichen und weltlichen Werken aus Mittelalter und Renaissance statt.

Die Geschlossenheit des Themas und die Resonanz der Vorträge haben das Mediävistische Institut bewogen, die Tagungsakten zu publizieren. Mit der Veröffentlichung der sieben Beiträge im vorliegenden Band hoffen die Herausgeber, die Aufmerksamkeit weiterer Fachkreise auf die Freiburger Franziskanerbibliothek zu lenken und die Beschäftigung mit diesem eindrücklichen Monument spätmittelalterlicher Geisteswelt neuzubeleben. Zum Gelingen des Buches haben als erste die Autoren beigetragen, indem sie ihre Referate bereitwillig für den Druck ergänzten und bereinigten. Zu danken ist vor allem Dr. Alain Nadeau, der bei der Redaktion mitgewirkt und die Druckvorlage hergestellt hat. Dank gebührt auch Dr. Kathrin Utz Tremp und Dr. Joseph Leisibach für das Mitlesen der Korrekturen. Dankend erwähnt seien schließlich der Hochschulrat der Universität Freiburg und das Franziskanerkloster Freiburg für ihre großzügigen finanziellen Beiträge an die Druckkosten. Das Buch sei zu gleichen Teilen Prof. Pascal Ladner als Geburtstagsgabe und den Freiburger Franziskanern gewidmet.

Freiburg i. Ü., am Jahresende 1994

Die Herausgeber

Inhaltsverzeichnis

Abkürzungen

Bruckner, *Schreibschulen*	Albert Bruckner, *Schreibschulen der Diözese Lausanne*, Genf 1967 (Scriptoria Medii Aevi Helvetica. Denkmäler schweizerischer Schreibkunst des Mittelalters, XI).
Helvetia Sacra V/1	*Helvetia Sacra*, Band V/1: *Der Franziskusorden: Die Franziskaner, die Klarissen und die regulierten Franziskaner-Terziarinnen in der Schweiz*, redigiert von Brigitte Degler-Spengler, Bern 1978.
Jörg, *Katalog*	Christoph Jörg, *Untersuchungen zur Büchersammlung Friedrichs von Amberg. Anhang: Katalog der Handschriften*, Diss. Freiburg/ Schweiz, 1975 (ungedruckt).
Jörg, *Untersuchungen*	Christoph Jörg, *Untersuchungen zur Büchersammlung Friedrichs von Amberg. Ein Beitrag zur franziskanischen Geistesgeschichte des Mittelalters*, in: ZSKG 69 (1975), S. 1–117.
MGH	*Monumenta Germaniae Historica*
Mosberger, *Katalog*	Alois K. Mosberger, *Katalog der mittelalterlichen Handschriften des Franzikaners Johannes Joly (1440–1510)*, Liz. Phil. Freiburg/Schweiz, 1983 (ungedruckt).
Scarpatetti, *Katalog*	Beat Matthias von Scarpatetti, *Katalog der datierten Handschriften in der Schweiz in lateinischer Schrift vom Anfang des Mittelalters bis 1550, Bd. II: Die Handschriften der Bibliotheken Bern–Porrentruy*, Dietikon–Zürich 1983.
Zs.	*Zeitschrift*
ZSKG	*Zeitschrift für Schweizerische Kirchengeschichte.*

Zur Bedeutung der mittelalterlichen Bibliothek des Franziskanerklosters in Freiburg

von Pascal Ladner

Als Hinführung zu den spezifischeren Problemen, die in den folgenden Beiträgen behandelt werden, sei eingangs ganz allgemein auf die Bedeutung der mittelalterlichen Büchersammlung des Freiburger Franziskanerklosters hingewiesen und zwar unter dem quantitativen, dem qualitativen und schließlich dem kodikologischen Aspekt[1].

Zunächst zur quantitativen Bedeutung: Die mittelalterliche Bibliothek bis zum Tode des Guardians Jean Joly im Frühjahr 1510 umfaßt rund neunzig Handschriften sowie eine beachtliche, aber in diesem Zusammenhang auszuklammernde Zahl von Inkunabeln und Frühdrucken. Dieser an sich schon bemerkenswerte Umfang des Handschriftenbestandes, unter dem sich freilich möglicherweise der eine oder andere Codex befindet, der erst in späterer Zeit in die Bibliothek gelangte, erhält dann seine volle Bedeutung, wenn er in Vergleich zur Handschriftenüberlieferung der übrigen Westschweiz gesetzt wird, was ich mit ein paar Hinweisen belegen möchte. Dabei ausgeschlossen sind selbstverständlich die Fonds der Bibliothèque publique et universitaire (B.P.U.) von Genf, der Fondation Bodmer in Coligny bei Genf und der Bongarsiana in der Burgerbibliothek zu Bern, deren Manuskripte hauptsächlich nichtschweizerischer Provenienz sind und erst in nachmittelalterlicher Zeit in die genannten Sammlungen gelangten[2].

---

1 Leicht gekürzter und mit Anmerkungen versehener, in der Diktion jedoch unveränderter Vortragstext.

2 Zur B.P.U. Genf: Bernard Gagnebin, *Le cabinet des manuscrits de la Bibliothèque de Genève*, in: *Genava* n. sér. 2 (1954), S. 73–125; François Huot, *Les manuscrits liturgiques du canton de Genève*, Fribourg 1990 (Iter Helveticum V), S. 20–34. – Zur Fondation Bodmer: Bernard Gagnebin, *Une source capitale pour la recherche à Genève: La Fondation Martin Bodmer*, in: *Genava* n. sér. 20 (1972), S. 5–54; Huot, *op. cit.*, S. 35–41. – Zur Bongarsiana Bern: Christoph von Steiger, *Aus der*

Vom mittelalterlichen Bibliotheksgut der Kathedrale von Lausanne sowie der in der Bischofsstadt angesiedelten Klöster ist fast alles verloren gegangen, obwohl viele Nachrichten – Testamente oder Inventare – belegen, daß einst beträchtliche Bücherschätze vorhanden waren[3]. Ähnliches gilt für Genf und Bern, wo immerhin einige Handschriften erhalten geblieben sind, aus Bern unter anderem die Antiphonarbände, die heute in Estavayer und Vevey aufbewahrt werden[4], oder einige Handschriften aus dem ehemaligen Dominikanerkloster, die nach Basel gelangt sind[5], oder das interessante Regelbuch mit dem Liber vitae der Berner Inselschwestern[6]. Für etwa zehn Handschriften läßt sich als Provenienz die alte Stiftsbibliothek von Neuenburg ausmachen[7], während manche Zuweisung von Codices zur mittelalterlichen Bibliothek des solothurnischen St. Ursus-Stiftes fraglich ist[8]. Ähnlich desolat stellt sich die Lage hinsichtlich der mittelalterlichen Kloster- und Konventsbibliotheken der Westschweiz dar, über die zum Teil nur indirekte Nachrichten vorliegen. Aber aus den meisten dieser Institutionen sind keine oder nur vereinzelte Bibliothekshandschriften erhalten geblieben. Dies gilt sowohl für die alten und im Hochmittelalter nicht unwichtigen Cluniazenserpriorate von Romainmôtier und Payerne, als auch für die jüngeren wie Rüeggisberg, Rougemont, Baulmes – um nur diese zu nennen; dies gilt in gleichem Maße für die Benediktinerklöster Erlach und St-Sulpice und die Zisterzienserabteien Hautcrêt und Montheron, und nicht besser steht es um die Prämonstratenser-Niederlassungen am Lac de Joux, in Bellelay, in Humilimont-Marsens oder in Fontaine-André. Auch die Chorherrenstifte von Interlaken und Moutier-

---

Geschichte der Bongars-Handschriften der Burgerbibliothek Bern, in: *Librarium* (1960), S. 86–92; ders., «Ein herrlich Präsent», Bern 1983.

3 Bruckner, *Schreibschulen*, S. 110–140.

4 Josef Leisibach, *Die liturgischen Handschriften des Kantons Freiburg (ohne Kantonsbibliothek)*, Freiburg 1977 (Iter Helveticum II, hg. von Pascal Ladner), S. 138–149; zu den beiden in Vevey liegenden Bänden: ders., *Die Antiphonare des Berner Münsters St. Vinzenz*, in: ZSKG 83 (1989), S. 177–204.

5 Bruckner, *Schreibschulen*, S. 49–56.

6 Zum Cod. A 53: Bruckner, *Schreibschulen*, S. 59; Claudia Engler, *Augustinerregel und Ordenskonstitutionen im Liber vitae der Berner Dominikanerinnen*, Lizentiatsarbeit an der Phil.-Hist. Fakultät der Universität Bern 1993; den eigentlichen Liber vitae (fol. 72r–75r) habe ich zur Edition vorbereitet.

7 Bruckner, *Schreibschulen*, S. 141–147.

8 Bruckner, *Schreibschulen*, S. 148–161; Alfons Schönherr, *Die mittelalterlichen Handschriften der Zentralbibliothek Solothurn*, Solothurn 1964, bes. S. XXff.

Grandval bilden keine Ausnahme[9]. – Ich will hier nicht den Gründen im
einzelnen nachgehen, die zu diesem Zustand geführt haben: Wie auch
andern Orts haben Brände und Kriegswirren mit Plünderungen, dann aber
vor allem die Reformation in den Gebieten von Bern, in der Waadt, in
Genf und Neuenburg, die Säkularisationen und der Radikalismus des 19.
Jahrhunderts in Freiburg und Solothurn jeweils zu großen Verlusten
geführt; doch – wie Albert Bruckner wohl zu Recht feststellte – dürfte
nicht zuletzt mangelhafte Sorgfalt bei der Aufbewahrung ein wichtiger
Faktor für die schlechte Überlieferung sein[10].

Aus diesem Handschriftentrümmerfeld ragen zwei Inseln heraus: die
Kapitelsbibliothek von Sitten einerseits, die etwa 120 Handschriften
umfaßt[11], und Freiburg anderseits, wo der größte Teil der mittelalterlichen
Handschriften aus dem Zisterzienserkloster Hauterive gehortet wird, wo
aber auch das Zisterzienserinnenkloster Maigrauge und das Stiftskapitel St.
Niklaus einige Codices besitzen[12], ganz abgesehen vom Franziskanerkloster, dem ich mich jetzt zuwende.

Unter den mittelalterlichen kirchlichen Niederlassungen in und um
Freiburg – den eben erwähnten Zisterziensern in Hauterive und den
Zisterzienserinnen in der Maigrauge, der Johanniterkomturei St. Johann
und den Augustiner-Eremiten – ist die im Jahr 1256 aufgrund einer Stiftung
des Freiburger Bürgers Jakob von Riggisberg von Basel aus erfolgte Gründung des Franziskanerkonvents die letzte[13]. Über den Anfang einer Bibliothek ist nichts Genaues bekannt, doch darf man annehmen, daß mit dem
Konventsleben auch gewisse Bücher bereitgestellt worden sind; ohne Zweifel mußten für den Gottes- und Chordienst liturgische Codices angeschafft
werden; außerdem brauchte es wahrscheinlich schon bald Texte, welche
für die Seelsorge, insbesondere für die Predigttätigkeit der Konventualen,
unentbehrliche Hilfsmittel darstellten. Von den schließlich insgesamt rund

---

9   Bruckner, *Schreibschulen*, S. 9–28.
10 Bruckner, *Schreibschulen*, S. 9f.
11 Josef Leisibach, *Schreibstätten der Diözese Sitten*, Genf 1973 (Scriptoria Medii
    Aevi Helvetica. Denkmäler schweizerischer Schreibkunst des Mittelalters, XIII),
    S. 7–124.
12 Bruckner, *Schreibschulen*, S. 29–48 (Hauterive), S. 19 (St. Niklaus); Josef Leisi-
    bach, *Die liturgischen Handschriften der Kantons- und Universitätsbibliothek
    Freiburg*, Freiburg 1976 (Iter Helveticum I), (Hauterive); ders., Iter Helveticum
    II (wie Anm. 4), S. 71–88 (Maigrauge), S. 34–70 (St. Niklaus).
13 Brigitte Degler-Spengler, Joseph Jordan, *Franziskanerkloster Freiburg*, in: *Hel-
    vetia Sacra* V/1, bes. S. 152–165.

neunzig mittelalterlichen Bänden, die heute in einem eigens dafür hergerichteten Raum des Franziskanerklosters aufgestellt sind, stammt etwas
mehr als die Hälfte von zwei Konventualen, nämlich von Friedrich von
Amberg und Jean Joly.

Der ältere, Friedrich von Amberg, so genannt wegen seiner oberpfälzi-
schen Herkunft, wo er wohl um die Mitte des 14. Jahrhunderts geboren
wurde, ist nach dem Noviziat im Franziskanerkloster zu Regensburg zur
Ausbildung in Philosophie und Theologie nach Straßburg gekommen, wo
er sich einige wichtige Studienbücher erworben hat, und wurde nach weiteren Studien- und Lehrjahren in Freiburg i. Br., in Paris und in der Papst-
stadt Avignon 1392 zum Magister der Theologie promoviert. Ungefähr
gleichzeitig ist ihm das Amt eines Provinzials der durch das Schisma gespal-
tenen – Friedrich hat sich zum Avignonesischen Papst bekannt – oberdeutschen Provinz übertragen worden; im Jahre 1393 hat er sich in Freiburg i. Ü. niedergelassen; in den Jahren 1409 und 1414 ist er als Guardian
des Klosters belegt, und am 27. Juni 1432 ist er hier gestorben. Aus seinem
Besitz stammen 18 Codices[14].

Der jüngere der beiden, Jean Joly, ist um 1440 hier in Freiburg geboren,
kam ebenfalls zur Ausbildung in das Studium generale nach Straßburg,
später dann, nach einem Aufenthalt im Heimatkloster, nach Paris und
Avignon und kehrte wahrscheinlich 1472 nach Freiburg zurück, wo er
mehrfach zum Guardian gewählt wurde. Ihm verdankt die Klosterbibliothek 31 Codices. Dank der größeren Zahl der überlieferten Bände ist Jean
Jolys Sammlung inhaltlich etwas reichhaltiger als diejenige Friedrichs von
Amberg; beispielsweise finden sich im Joly-Bestand auch medizinische und
schulgrammatische Schriften[15].

Neben Friedrich von Amberg und Jean Joly möchte ich noch eine dritte
Persönlichkeit namentlich nennen, die chronologisch zwischen die beiden
Genannten zu setzen ist: es ist Conrad Grütsch aus Basel, dessen jüngerer
Bruder Professor für kanonisches Recht und 1466 Rektor der damals erst
einige Jahre alten Universität Basel war. Conrad Grütsch verbrachte zwar
nur wenige Jahre als Lektor und Magister des Dritten Ordens der Franziskaner in Freiburg, und sein Beitrag zur Ausstattung der Bibliothek ist mit
einigen wenigen Codices auch nicht besonders groß, doch unter ihnen

---

14 Jörg, *Untersuchungen*. Der zu dieser Dissertation gehörende Katalog (Jörg,
   Katalog) wird in den in Vorbereitung befindlichen Katalog aller mittelalterlichen Handschriften des Franziskanerklosters eingearbeitet.
15 Mosberger, *Katalog*.

findet sich einer mit der von ihm selbst verfaßten Sammlung von Fastenpredigten, die später unter dem Titel «Quadragesimale» im Druck verbreitet worden ist. In Conrad Grütsch läßt sich demnach ein eigentlicher
Autor namhaft machen, der auch in Freiburg gewirkt hat[16].

Rund neunzig mittelalterliche Handschriften bewahrt also die Franziskanerbibliothek auf. Diese Feststellung erfordert eine Präzision: Neunzig
Bände sind nicht gleichzusetzen mit neunzig Werken oder Titeln, denn bei
vielen dieser Codices handelt es sich um sogenannte Sammelhandschriften,
das heißt um Bände, die aus einer Reihe einzelner Schriften, oft von verschiedenen Verfassern und verschiedensten Inhaltes bestehen. Dies bedeutet, daß die Bibliothek eine erheblich größere Zahl von Werken umfaßt, als
es die Bände äußerlich vermuten lassen.

Damit komme ich zum qualitativen Bedeutungsfeld der mittelalterlichen
Franziskanerbibliothek, das heißt zu einer inhaltlichen Wertung, die bei
dieser allgemeinen Übersicht nur knapp und unvollständig und deshalb
vielleicht sogar etwas ungerecht ausfallen könnte.

Ich beginne mit einer ganz banalen Aussage: Die zu betrachtenden
Handschriften spiegeln typisch den Geist einer spätmittelalterlichen Mino-
ritenbibliothek wider; dies fällt sofort auf beim Vergleich mit einer früh-
oder hochmittelalterlichen Benediktinerbibliothek. Wenn in dieser das
Hauptgewicht auf der patristischen Literatur samt ihren Nachwirkungen
im Mittelalter sowie auf den klassischen, römischen Autoren beruht, so
finden sich in jenen solche Werke im allgemeinen nur spärlich, dafür aber
treten einerseits das mehr oder weniger aktuelle Universitätsschrifttum und
anderseits Hilfsmittel für die Seelsorge, insbesondere homiletische Werke,
in den Vordergrund. Dies ist durchaus verständlich auf dem Hintergrund
des ungeheuern Wandels im Bildungswesen seit etwa der Mitte des 12.
Jahrhunderts mit der allmählichen Rezeption der Werke des Aristoteles
und anderer wiederentdeckter Schriften griechischer, damals ins Latein
übersetzter Autoren, mit der Weiterentwicklung gewisser Kathedral-
schulen zu Universitäten, aber auch auf dem Hintergrund des immer stärker werdenden Bürgertums in den Städten und damit verbunden mit
Gewerbe und Handel. Die kurz hintereinander im ersten Viertel des 13.
Jahrhunderts erfolgten Gründungen der an Städte gebundenen Orden des
heiligen Dominik und des heiligen Franz von Assisi sind beredter Aus-

---

16 André Murith, *Conrad Grütsch de Bâle. Contribution à l'histoire de la prédication
franciscaine au XVe siècle*, Fribourg 1940.

druck dieser neuen Lage. Auch die vorher gestreiften Lebensläufe Friedrichs von Amberg und Jean Jolys – Conrad Grütsch macht ebenfalls keine Ausnahme – zeigen den Unterschied zu Mönchen älterer Orden: von stabilitas loci ist keine Rede, im Gegenteil: ihre Ausbildung erfolgte an den verschiedensten Ordensschulen und Hohen Schulen. Und manches, was sie dort als Studienmaterial gebraucht und gesammelt haben, ist später in die Konventsbibliothek eingegangen.

Christoph Jörg hat das aus dem Besitz Friedrichs von Amberg stammende Schrifttum in zwei große Kategorien aufgeteilt, in Schrifttum mit wissenschaftlicher Ausrichtung und in Schrifttum mit pastoraler Ausrichtung. Eine gleiche Aufteilung läßt sich am Schrifttum Jean Jolys, ja am gesamten mittelalterlichen Handschriftenbestand des Franziskanerklosters vornehmen. Jörg hat im weiteren aufgrund von Marginalnotizen, Anlegung von Registern und so weiter untersucht, wie intensiv sich Friedrich mit den einzelnen Texten beschäftigt hat, mit andern Worten: Er hat neben der katalogmäßigen Aufarbeitung der Handschriften das persönliche Interesse Friedrichs an und seine persönliche Auseinandersetzung mit einzelnen Werken herausgearbeitet; dasselbe ließe sich auch am Joly-Fonds durchführen. Doch ich werde im Folgenden die persönliche Beschäftigung der ehemaligen Besitzer mit ihren Handschriften außer acht lassen, dafür auf den genannten Koordinaten einiges herausheben, was mir von Belang zu sein scheint. Bedeutung heißt dabei, daß ein Autor oder ein Werk überhaupt in der Sammlung vertreten ist, oder daß der hier vorhandenen Handschrift ein besonderer Stellenwert in der Überlieferung zukommt.

Innerhalb der Gruppe von Autoren und Werken wissenschaftlicher Ausrichtung sind verschiedene Bereiche zu nennen, an erster Stelle das philosophisch-theologische Schrifttum, das ich zusammen betrachte, obwohl der große englische, 1347 in München verstorbene Franziskaner-Gelehrte Wilhelm von Ockham für eine grundsätzliche Trennung von Philosophie und Theologie eingetreten ist. Ohne den Ausführungen Ruedi Imbachs über die philosophiehistorische Bedeutung der Büchersammlung Friedrichs von Amberg vorgreifen zu wollen[17], muß der in diesem Zusammenhang wichtige Codex 26 genannt werden[18], weil er unter anderem den Traktat «De maximo et minimo» des Facinus de Ast enthält, von dem meines Wissens bisher kein weiterer Textzeuge aufgefunden worden ist. Im gleichen Codex finden sich auch die noch ungedruckten «Decem

---

17 Vgl. unten S. 25–44.
18 Jörg, *Untersuchungen*, S. 17–34.

responsiones» des Augustiners Johannes Hiltalingen von Basel an Gyso von Köln, damals in Oxford, zu aktuellen Fragen, beispielsweise zu dem bei den Franzikanern heiß diskutierten Problem des Armutsideals. Ebenfalls unveröffentlicht sind – wenn ich recht sehe – die «Formalitates» des spanischen Minoriten Petrus Thomae, der als einer der ersten Skotisten gilt; diese «Formalitates» sind im Codex 40 aus Jolys Besitz überliefert[19]. Noch nicht gelungen ist bis anhin die Identifizierung der in Codex 137 anonym überlieferten Kommentare zur Physik, Metaphysik und Ethik des Aristoteles.

Jedem Mediävisten sind – wenigstens vom Titel her – die vier Bücher Sentenzen des Petrus Lombardus aus dem 12. Jahrhundert bekannt, die zum theologischen Handbuch geworden und in Universitätsvorlesungen beinahe unzählige Male kommentiert worden sind. So erstaunt es nicht, daß solche Sentenzenkommentar-Literatur auch in Freiburger Franziskaner-Handschriften belegt ist. Dabei erwähne ich nur nebenbei die beiden weitverbreiteten Kommentare einerseits von Petrus von Aquila, wegen seiner geistigen Nähe zu Johannes Duns Scotus auch Scotellus genannt (Cod. 11), anderseits von Petrus de Candia, einem Franziskaner, der 1409 auf dem Konzil von Pisa nach der Absetzung Gregors XII. und Benedikts XIII. zum Papst (Alexander V.) gewählt worden ist; nach den Untersuchungen von Dominikus Planzer bietet der im Codex 20 (aus der Zeit um etwa 1390) erhaltene Text des Candia-Kommentars eine der ältesten Überlieferungen[20]. Bemerkenswerter jedoch scheint mir der in Codex 15 aufgezeichnete Sentenzenkommentar des Heinrich von Isny, des nachmaligen Bischofs von Basel und Erzbischofs von Mainz († 1288), zu sein, weil neben der Freiburger Handschrift nur noch drei andere Textzeugen in Berlin, Bergamo und Nürnberg existieren[21], und hinweisen möchte ich auf den anonymen Sentenzenkommentar im oben angesprochenen Codex 26, der anfangs der siebziger Jahre des 14. Jahrhunderts im modernistischen Oxford entstanden sein muß und vielleicht Liebhard von Regensburg, den Vorgänger Friedrichs von Amberg im Amt eines Provinzials, zum Verfas-

---

19 Cod. 40, fol. 122v–126v: «Ad evidenciam distinccionis cuiuscumque rei nota quod ... et circa sufficiant pro nunc».

20 Dominikus Planzer, *Der Sentenzenkommentar Peters von Candia OFM in einer Freiburger Handschrift*, in: *ZSKG* 25 (1931), S. 209–225; Jörg, *Untersuchungen*, S. 34–40.

21 Friedrich Stegmüller, *Repertorium commentariorum in sententias Petri Lombardi*, Würzburg 1947, S. 150, Nr. 320.

ser hat[22]. Im selben Codex findet sich auch eine in drei Artikel gegliederte Quaestio zum 2. Sentenzenbuch aus der Feder des Franziskaners Wilhelm von Cremona, seit 1383 Bischof von Pavia und gleichzeitig Professor an der dortigen Universität, auf die ich deswegen aufmerksam mache, weil der literarische Nachlaß dieses Gelehrten kaum bekannt ist[23]. Schließlich seien noch die «Conclusiones breves quatuor librorum sentenciarum» des Minoriten Johannes de Fonte genannt, eine (wie Jörg sich ausdrückt) für arme Studenten angelegte Kurzfassung der Sentenzen in Thesenform, von der hier der älteste bekannte Textzeuge vorliegt (Cod. 51)[24].

In der Argumentationsweise durchaus philosophisch und theologisch, aber entstanden aus dem konkreten Anlaß des Streites zwischen Papst Johannes XXII. und König Ludwig dem Bayern, zwischen Kirche und Staat also und insofern eine historisch-politische Dimension aufweisend, ist der zwischen 1320 und 1324 entstandene «Defensor Pacis» des Marsilius von Padua (Cod. 28), eines der gewichtigsten staatspolitischen Werke jener Zeit. Ich erwähne es nicht nur wegen seiner außerordentlichen inhaltlichen Bedeutung, sondern auch weil P. Otho Raymann über die Restaurierung der Freiburger Handschrift berichten wird[25]. – Hier lassen sich nun sachlich andere kirchen- und ordenspolitische Abhandlungen anfügen, wie sie neben mehr erbaulichen Schriften im Codex 60 vorliegen[26]; dort findet sich unter anderem der anonyme Traktat mit dem von Friedrich von

---

22 Cod. 26, fol. 190r–208r: «Utrum sciencia sacre theologie repugnet principiis naturalis philosophie ... successio corporis Christi sub accidentibus panis non sufficit tollere anichilacionem panis. Non plus hic etc.»; vgl. Jörg, *Untersuchungen*, S. 18–22.

23 Cod. 26, fol. 143ra–190rb: «Circa materiam secundi libri sentenciarum et materiam tractam in collatione ... Et sic est finis huius sollemnissime conclusionis, quam fecit et compilavit reverendus pater Guilermus de Carmona dum erat bacularius Bononie anno domini millesimo trecentesimo LXVIII° etc.»; Jörg, *Untersuchungen*, S. 22–25.

24 Jörg, *Untersuchungen*, S. 41–45; Ruedi Imbach, Pascal Ladner, *Die Handschrift 51 der Freiburger Franziskanerbibliothek und das darin enthaltene Fragment des Ockham zugeschriebenen Traktats «De principiis theologiae»*, in: *Filosofia e teologia nel Trecento. Studi in ricordo di Eugenio Randi*, hg. von Luca Bianci, Louvain-la-Neuve 1994, S. 105–127.

25 Jörg, *Untersuchungen*, S. 45–48; Otho Raymann, *Die «Defensor Pacis»-Handschrift (Codex 28). Restaurierung und bucharchäologische Aspekte*, unten S. 71–80.

26 Jörg, *Untersuchungen*, S. 48–54; Imbach, Ladner, *Die Handschrift 51* (wie Anm. 24).

Amberg gesetzten Titel «De iuribus imperialibus», den Hans Foerster ediert hat[27].

Zum Bereich des kirchenrechtlichen Schrifttums zähle ich allein den Codex 93, der unter anderem die «Lectura super quinque libros decretalium» des Antonius de Butrio enthält, eines um die Wende zum 15. Jahrhundert berühmten Rechtslehrers in Perugia, Florenz und Bologna, den ich hier nicht anführen würde, wenn seinem Werk nicht ein Register beigegeben worden wäre, das vom Zürcher Kantor Felix Hemmerli verfaßt – nicht geschrieben – worden ist[28].

An Werken der Geschichtsschreibung findet sich in der Klosterbibliothek nur Bernhard Guys «Flores chronicorum» und fragmentarisch die bis ins Jahr 615 reichende Chronik des Isidor von Sevilla (Cod. 27)[29]. – Und bezüglich naturwissenschaftlich-mathematischer beziehungsweise medizinischer Literatur wären hervorzuheben Euclids «Liber primus geometriae» (Cod. 39)[30], verschiedene komputistische Schriften sowie aus dem Gebiet der Medizin ein «Astrologia» betiteltes Werk (Cod. 53)[31], das dem Hypokrates zugeschrieben ist und den Einfluß der Gestirne auf Krankheiten und Wohlbefinden der Menschen darlegt, außerdem ein Heilbuch «Aggregatus in medicinis» (Cod. 31)[32], das laut Incipit Serapion, einen Arzt um 200 v. Chr., zum Verfasser haben soll, dessen eigentliche Identifizierung mir bislang aber nicht gelungen ist; schließlich ist auch vorhanden der Traktat «De urinis» von Gilles de Corbeil, dem Leibarzt Philipps II. Auguste von Frankreich[33].

An der Nahtstelle zwischen dem wissenschaftlichen und dem pastoralen Schrifttum können Hilfsmittel und Nachschlagewerke angesiedelt werden. Unter solchen nenne ich Konrads von Mure «Novus Graecismus» (Cod. 77)[34], der in Anlehnung an den Graecismus des Eberhard von Béthune eine

---

27 Carl Pfaff, *Die Münchner Minoriten – Ratgeber Ludwigs des Bayern*, unten S. 45–57; nach einer seinerzeitigen Mitteilung von G.G. Meersseman(†) sind zwei ähnliche Traktate in Oxforder Handschriften überliefert.

28 Murith, *Grütsch* (wie Anm. 16), S. 24f.; Mosberger, *Katalog*, S. 115–119.

29 Jörg, *Untersuchungen*, S. 4 Anm. 3; Mosberger, *Katalog*, S. 17–20.

30 Cod. 39, fol. 91r–94v; Mosberger, *Katalog*, S. 17–20.

31 Cod. 53, fol. 117v–125r; Mosberger, *Katalog*, S. 40–45.

32 Cod. 31, fol. 1r–78r; Mosberger, *Katalog*, S. 20–23.

33 Cod. 31, fol. 113rb–134vb; vgl. oben Anm. 32.

34 Diese Handschrift scheint bisher unbeachtet geblieben zu sein, vgl. Erich Kleinschmidt, *Konrad von Mure*, in: *Die deutsche Literatur des Mittelalters. Verfasserlexikon* 5 ([2]1985), Sp. 239.

über zehntausend Hexameter umfassende, überaus beliebte Sprachlehre und Listen von seltenen Wörtern enthält, oder den Mammotrectus (Cod. 70)[35], ein Handbuch vornehmlich für Kleriker, welches schwierige Ausdrücke der Bibel zu erklären zum Ziel hat, oder das nur auszugsweise gedruckte lateinisch-deutsche Vokabular des Straßburger Präbendars Fritsche Closener (Cod. 66)[36], zwei weitere lateinisch-deutsche Wörtersammlungen, darunter den Vocabularius «Ex quo» (Cod. 64)[37], sowie ein lateinisch-französisches Vokabular (Cod. 31)[38], die alle noch einer gründlichen Untersuchung bedürfen.

Was den Bereich der Literatur mit pastoraler Ausrichtung betrifft, so stehen in der mittelalterlichen Franziskanerbibliothek die homiletischen Werke eindeutig im Vordergrund: ganze Predigtreihen, einzelne Predigten, Predigtentwürfe, Predigtmaterialien und Exemplasammlungen[39]. Dieses ganze Material ist über gut zwei Dutzend Handschriften verstreut. Daraus hervorheben möchte ich nur Weniges: in erster Linie den Codex 117 I/II mit den «Sermones rusticani» des großen Franziskanerpredigers des 13. Jahrhunderts, Berthold von Regensburg[40]. Die Vorarbeiten zu einer kritischen Edition dieser Predigtsammlung haben ergeben, daß dem Freiburger Codex ein besonderer Stellenwert zukommt, nicht nur weil gelegentlich die echten Predigten mit Predigten anderer Autoren ergänzt worden sind, sondern vor allem weil der Berthold-Text dieser Handschrift in vielen Fällen die beste, authentische Lesart bietet. – Weiter muß Codex 62 genannt werden mit den von Friedrich von Amberg reportierten 16 Bußpredigten, die der wortgewaltige dominikanische Volksprediger Vinzenz Ferrer vom 9. bis 21. März 1404 in Freiburg, Murten, Payerne, Avenches und Estavayer gehalten hat[41]. Weitere Predigten dieses berühmten Spaniers, dessen Predigten – nur nebenbei gesagt –, gewöhnlich drei Stunden,

---

35 Cod. 70, fol. 25ra–57rb; Mosberger, *Katalog*, S. 88.

36 Jörg, *Untersuchungen*, S. 54–60.

37 Heinrich Hänger, *Mittelhochdeutsche Glossare und Vokabulare in schweizerischen Bibliotheken bis 1500*, Berlin/New York 1972, S. 48f.

38 Cod. 31, fol. 229ra–240vb; Mosberger, *Katalog*, S. 22.

39 Ernst Tremp, *Ein noch nicht gehobener Schatz. Die Exemplasammlungen der Freiburger Franziskanerbibliothek*, unten S. 111–131.

40 Jörg, *Untersuchungen*, S. 66–72.

41 Cod. 62, fol. 45r–97v; Jörg, *Untersuchungen*, S. 82f.; Kathrin Utz Tremp, *Ein Dominikaner im Franziskanerkloster. Der Wanderprediger Vinzenz Ferrer und die Freiburger Waldenser (1404) – Zu Codex 62 der Franziskanerbibliothek*, unten S. 81–109.

diejenigen über das Leiden Christi sogar sechs Stunden dauerten, wie verläßliche Quellen verbürgen, liegen im Codex 68 vor[42]. – Auf die von Conrad Grütsch verfaßten und zu einem großen Teil auch selber geschriebenen Predigten im Codex 23 habe ich schon früher hingewiesen; sie sind vom verstorbenen Bibliothekar des Klosters, P. André Murith, in seiner 1940 erschienenen Dissertation erschlossen worden[43]. Nicht untersucht dagegen ist eine deutschsprachige Predigtsammlung, die im Zusammenhang mit einem Voll-Lektionar, das heißt mit den Episteln und Evangelien durch das ganze Kirchenjahr, steht (Cod. 17)[44].

Innerlich verbunden ist diese homiletische Literatur mit Schrifttum erbaulichen Inhalts. Auch solches hat die mittelalterliche Bibliothek des Franziskanerklosters zu bieten. Da wäre zu nennen der «Liber de doctrina sapiencie» des Guy de Roy in französischer Sprache, der sich gleich in zwei Handschriften findet (Cod. 31, der auch die erwähnten medizinischen Schriften und das lateinisch-französische Vokabular enthält, und Cod. 67)[45], oder «De septem itineribus aeternitatis» des Straßburger Franziskaners Rudolf von Biberach (Cod. 107)[46], vor allem aber die «Sermones super orationem dominicam» (Cod. 109), in Wirklichkeit keine Sermones, sondern ein Kommentar zum Pater noster. Der Autor Godefredus Herilacensis (Gottfried von Erlach) hat, wie er in der Vorrede ausführt, als Franziskaner der burgundischen Provinz Predigtverbot erhalten, sei deshalb in das Benediktinerkloster Erlach übergetreten und habe dort schriftlich zu predigen begonnen[47].

Diese Schlaglichter auf das qualitative Bedeutungsfeld müssen genügen; die etwas ermüdende Aufzählung von Texten ließe sich mühelos verlängern, vor allem jedoch müßten die hier gestreiften Detailfragen vertieft werden. Ich breche aber ab und wende mich noch kurz dem dritten Aspekt zu, der Bedeutung der mittelalterlichen Franziskanerbibliothek in kodikologischer Hinsicht.

Die Kodikologie beschäftigt sich bekanntlich mit den äußeren Aspekten eines Codex, das heißt mit dem Beschreibstoff (Pergament oder Papier), mit der Zusammensetzung der Lagen, mit der Gestaltung der Blätter und

---

42 Cod. 68, fol. 1–124; Mosberger, *Katalog*, S. 80–85.
43 Murith, *Grütsch* (wie Anm. 16), S. 71–73.
44 Bruckner, *Schreibschulen*, S. 95.
45 Cod. 31, fol. 135ra–226vb; Cod. 67, fol. 1r–163r; Mosberger, *Katalog*, S. 21f.
46 Cod. 107, fol. 29r–70r; Jörg, *Untersuchungen*, S. 100–104.
47 Jörg, *Untersuchungen*, S. 92f.

Seiten, selbstverständlich mit der Schrift beziehungsweise den Schriften,
wenn mehrere Schreiber an einem Codex gearbeitet haben, mit der künst-
lerischen Ausstattung, sofern eine solche vorhanden ist, und nicht zuletzt
mit dem Einband; in französischsprachigen Gebieten verwendet man für
diesen Forschungsbereich gerne den Modebegriff «l'archéologie du livre».
Die kodikologische Betrachtung der ins Auge gefaßten Handschriften-
gruppe ergibt grundsätzlich nichts Neues, nichts Einmaliges – das Bedeut-
same liegt im Besonderen, im Individuellen –, sondern bestätigt, was ich
schon zu Beginn der inhaltlichen Würdigung gesagt habe, daß es sich nämlich bei diesen Handschriften um typische Produkte einer spätmittelalterlichen Konventsbibliothek handelt. Ich darf an einige Merkmale erinnern:
Der Unterschied etwa zwischen Handschriften aus der Blütezeit St. Gallens
oder aus der Hauterive und denjenigen des Franzikanerklosters ist in die
Augen springend: dort Pergament, hier meist Papier; dort kalligraphische,
gesetzte, gut lesbare Schriften, hier meist höchst kursive, abkürzungsreiche,
individuelle Schriften; dort meistens oder doch ziemlich regelmäßig Einheit
von Werk und Buch, hier sehr häufig Sammelhandschriften mit öfters
inhaltlich in keinerlei Zusammenhang stehenden Schriften – Beispiel etwa
Codex 31 mit medizinischen Traktaten, dem Erbauungsbuch «De doctrina
sapiencie» und einem lateinisch-französischen Wörterverzeichnis. Diese
und andere Unterschiede hängen eng mit der Produktionsweise der Handschriften zusammen: Im ersten Fall stammen sie aus einem klösterlichen
Skriptorium, das Schrift- und Buchherstellungstradition oft über Jahr-
zehnte weitervererbt hat, wo charakteristische Formen geschaffen worden
sind, die es heute ermöglichen, solche Handschriften, auch wenn sie im
Laufe der Zeit verstreut worden sind, einer bestimmten Schreibschule
zuzuordnen; im zweiten Fall handelt es sich um Handschriften, die oft
recht zufällig aus einzelnen Faszikeln verschiedenster Herkunft und – wie
ich schon sagte – verschiedensten Inhalts hergestellt worden sind. An solchen Faszikeln – und dies ist nun das Kennzeichnende – lassen sich nicht
selten Lebensetappen ihrer Besitzer ablesen, nämlich immer dann, wenn
diese auf einer Texteinheit vermerken, wann, wo und manchmal sogar zu
welchem Preis sie diese erstanden haben. Es steht also nicht mehr wie in
älterer Zeit ein Skriptorium im Vordergrund, das im Prinzip ein Werk für
den Hausgebrauch herstellt, sondern die im Verlaufe eines Lebens an verschiedenen Orten lernenden, lehrenden und wirkenden Minoriten beschaf-
fen sich an Ort und Stelle das benötigte Schrifttum, und dies in Form von
im Vergleich zu Pergament bedeutend billigeren Papierhandschriften. All
dies soll selbstverständlich nicht heißen, daß in einem Konvent überhaupt
niemand vorhanden gewesen wäre, der nicht hätte kalligraphisch schreiben

können; die prachtvolle, für einen Freiburger Bürger angefertigte Schwa-
benspiegelhandschrift beweist das Gegenteil; dort heißt es am Schluß: «Diß
bu°ch ist Henslin Verbers, geborn von Bresslaw, eins dez rates und burger
ze Friburg in O°chtelant, derselbe Henslin Verber hieß schriben diß bu°ch,
und hat geschriben bru°der Gerhart von Franken, barfu°ßen orden, do
man zalt nach gottes geburt viertzehen hundert iar und zehen iar»[48].

Dank solcher Besitzeinträge und Kolophone lassen sich diejenigen
Handschriften aus der ganzen Franziskanerbibliothek zusammenfinden,
welche einst Friedrich von Amberg oder Jean Joly oder andern, die ich
nicht genannt habe, gehörten. Trotz Armutsideal findet sich in allen 18
Amberg-Handschriften der Eintrag «liber magistri Friderici ordinis
minorum» oder in einem Joly-Codex folgender Kaufvermerk: «iste liber
emit frater Iohannes Joly, guardianus tunc temporis, anno domini millesimo quadringentesimo septuagesimo quinto in festo Trium regum», und
Joly fährt dann fort: «In illo anno fuit maximum bellum inter ducem Bur-
gundiae et Alemanniae, eciam inter Sabaudienses et Friburgenses, eciam illo
anno fuit lucrata villa Staviaci et multi fuerunt interfecti in vigilia Luce
evangeliste»[49]. – Bedeutsam ist also, daß sich ganz individuelle Züge der
Handschriftenbesitzer erkennen lassen. Einem Konvent schließlich einge-
gliedert, haben sie ihre Studien- und Handbücher binden und zum
Gebrauch der Mitbrüder im eigentlichen Sinn des Wortes anketten lassen:
Bei vielen Codices des Freiburger Franziskanerklosters handelt es sich um
sogenannte Kettenbände; leider ist keine Kette mehr erhalten geblieben; die
Löcher jedoch in den Deckeln der Handschriften sind gut sichtbar. Übrigens ist auf den Rückdeckel vieler dieser Codices seit dem frühen 15. Jahrhundert ein Papieretikett mit einer Inhaltsangabe des Bandes aufgeklebt
worden[50], was beweist, daß die Bücher in der Regel nicht aufgestellt waren,
sondern auf Tischen lagen. – Ich habe vorher ausgeführt, daß im Freiburger

---

48 Staatsarchiv Freiburg, Législation et variétés 42, fol. 141rb; Pascal Ladner, Nicolas Morard, Flavio Zappa, *Trésors des Archives de l'Etat de Fribourg. Schätze aus
dem Staatsarchiv Freiburg*, Fribourg 1991, S. 31.

49 Cod. 27, fol. 135va. Die Eroberung von Estavayer-le-Lac am 17. Oktober 1475
durch bernische und eidgenössische Truppen gehört in den Zusammenhang der
Auseinandersetzungen mit Burgund; vgl. Rudolf von Fischer, *Die Feldzüge der
Eidgenossen diesseits der Alpen vom Laupenstreit bis zum Schwabenkrieg*, in:
Schweizer Kriegsgeschichte, Bd. 2, Bern 1935, S. 147f.; Walter Schaufelberger,
Spätmittelalter, in: *Handbuch der Schweizer Geschichte*, Bd. 1, Zürich 1972, S.
321.

50 Bruckner, *Schreibschulen*, S. 84f.

Franziskanerkloster kein organisiertes Skriptorium arbeitete, dafür aber
besaß das Kloster im 15. und 16. Jahrhundert eine eigentliche Buchbinderei. Schon der im Jahr 1432 verstorbene Friedrich von Amberg hat in Freiburg seine früher erworbenen Texte geordnet und binden lassen. Und erst
recht hat der bibliophile Jean Joly für gute und schöne Einbände gesorgt.
Unter ihm hat Bruder Roletus Stoß im Kloster eine wohl organisierte
Werkstatt eingerichtet[51].

Zum Buchbinden brauchte es nicht nur Holz, Pappdeckel und Leder,
sondern auch Pergament für Fälze, Spiegelblätter und andere Verstärkun-
gen. Dieses stammte meist von unbrauchbar gewordenen Handschriften
und war im Handel erhältlich. Daß solche Makulaturblätter interessante
Texte enthalten können, möchte ich zum Schluß an zwei Beispielen illustrieren. Das eine findet sich im Codex 70, wo vorne und hinten je ein
Spiegelblatt auf die Innenseite des Deckels aufgeklebt war, die von P. Otho
Raymann vor einigen Jahren abgelöst worden sind. Sie enthalten Texte aus
einer Handschrift des «Sacramentarium Gregorianum», die in der ersten
Hälfte des 9. Jahrhunderts in Mainz geschrieben worden ist. Wenn man
weiß, wie verhältnismäßig spärlich paläographische Zeugnisse dieser Zeit
aus Mainz überliefert sind, besitzen diese Fragmente einen ganz besondern
Wert[52]. – Das andere Beispiel zeigt, daß auch Handschriften des eigenen
Konvents zur Buchbinderei verwendet wurden: Tatsächlich stellen das
vordere Spiegelblatt und das darauffolgende Vorsatzblatt des Codex 26
Fragmente eines Obituars oder Necrologiums dar, das heißt einer kalenda-
rischen Namens-Auflistung von Verstorbenen, deren der Konvent an den
betreffenden Tagen gedachte; diese Fragmente stammen aus dem 14. Jahrhundert und waren einst Bestandteil des ältesten Jahrzeitenbuchs des Klosters[53].

Die vorgetragenen Bemerkungen zu einzelnen Codices des Franziskanerklosters stellen eine kleine Auswahl aus einer Fülle von Problemen
dar; als Kostproben wollten sie zeigen, daß diese Bibliothek einiges Interesse beanspruchen darf, und dies wird noch deutlicher werden, wenn – wie
ich hoffe – die von Christoph Jörg und Alois Mosberger begonnenen
Erschließungsarbeiten in absehbarer Zeit zu Ende geführt werden.

---

51 Abraham Horodisch, *Die Buchbinderei zu Freiburg (Schweiz) im 15. Jahrhundert*,
    in: *Zs. für Schweizerische Archäologie und Kunstgeschichte* 6 (1944), S. 207–243.
52 Pascal Ladner, *Karolingische Sakramentarfragmente aus Freiburg in der Schweiz*,
    in: *Palaeographica, Diplomatica et Archivistica. Studi in onore di Giulio Battelli*,
    Bd. 1, Roma 1979, S. 99–104.
53 Eine Edition ist in Vorbereitung.

Die philosophiehistorische Bedeutung der Büchersammlung Friedrichs von Amberg

von Ruedi Imbach

> Unter den verschiedenen Werkzeugen des Menschen ist das erstaunlichste zweifellos das Buch. Die anderen sind Erweiterungen seines Körpers ... Aber das Buch ist etwas anderes: es ist eine Erweiterung des Gedächtnisses und der Phantasie.
>
> Jorge Luis Borges

Bibliotheken belehren uns über die Interessen und Neigungen ihrer Besitzer. Auf diese Weise zeigt uns beispielsweise die in Kues erhaltene Bibliothek des Nikolaus von Kues, womit sich dieser bedeutende Gelehrte des Spätmittelalters besonders intensiv beschäftigt hat, was sein Interesse weckte und wodurch er beeinflußt worden ist[1].

Die Büchersammlung Friedrichs von Amberg legt in vergleichbarer Weise Zeugnis ab von der Geisteshaltung und den Interessen ihres Besitzers. In seiner vorzüglichen Dissertation zu dieser Büchersammlung hat Christoph Jörg zahlreiche Hinweise zur intellektuellen Persönlichkeit Friedrichs zusammenstellen können[2]. Auf diese Weise entsteht das Bild der intellektuellen Welt eines durchschnittlichen Magisters der Theologie am Ende des 14. Jahrhunderts. So aufschlußreich diese Perspektiven für die Bildungsgeschichte sind, sie erschöpfen das Informationspotential von

---

1 Vgl. Jakob Marx, *Verzeichnis der Handschriften–Sammlung des Hospitals zu Cues*, Trier 1905. Wie ertragreich die Erforschung einer Bibliothek sein kann, zeigt das interessante Werk von Stefano Caroti, *I codici di Bernardo Campagna. Filosofia e Medicina alla fine del secolo XIV*, Manziana (Roma) 1991. Grundsätzlich zur Frage vgl. Pearl Kibre, *The Intellectual Interests Reflected in Libraries of the Fourteenth and Fifteenth Centuries*, in: *Journal of the History of Ideas* 7 (1946), S. 157–297.

2 Jörg, *Untersuchungen*.

Friedrichs Büchersammlung noch keineswegs. In der Tat birgt eine Sammlung von Handschriften, wie die vorliegende, noch weit mehr außerordentlich interessante Hinweise über die intellektuelle Kultur der Zeit ihrer
Entstehung. Handschriften und Büchersammlungen spiegeln nämlich nicht
nur die subjektiven Interessen ihrer Besitzer, sie sind ebenfalls ein Spiegel
des intellektuellen Lebens ihrer Zeit, das bedeutet, sie informieren uns über
die Verbreitung, Zirkulation und Rezeption von Ideen und Argumenten.
Im Zeitalter der Informatik, das sich dadurch auszeichnet, daß Informationen simultan auf der ganzen Welt wahrgenommen werden können, mag es
zwar erstaunen, daß der Gesichtspunkt der Ideengeographie sowie der
Ideenzirkulation philosophiehistorisch relevante Aufschlüsse bieten kann.
Aber die anderen Bedingungen, unter denen im späteren Mittelalter
Gedanken verbreitet und rezipiert wurden, erinnern daran, daß Ideen,
Thesen und Argumente nicht nur kontextuell bedingt sind, sondern daß
auch ihre Verbreitung und Aufnahme den Bedingungen von Raum und
Zeit unterworfen sind.

Damit sind die Perspektiven angedeutet, unter denen ich im folgenden
drei Codices der Büchersammlung Friedrichs von Amberg etwas genauer
betrachten möchte. Es handelt sich um die Codices 60, 51 und 26 der Franziskanerbibliothek, deren Bedeutung für die Interpretation der Theologie-
und Philosophiegeschichte des 14. Jahrhunderts nicht in Zweifel gezogen
werden kann.

1. Codex 60

In seiner bereits erwähnten Dissertation hat Christoph Jörg diese Handschrift ausführlich gewürdigt, insonderheit die fol. 109r–165v erhaltene
Dokumentation, welche Materialien zur franziskanischen Auseinandersetzung mit Papst Johannes XXII. enthält[3]. Dem in dieser Sammlung
erhaltenen politischen Traktat gegen Johannes ist im vorliegenden Band
der Beitrag von Carl Pfaff gewidmet. Ich möchte an dieser Stelle auf ein
anderes Dokument hinweisen, das besondere theologiehistorische Relevanz
besitzt. Fol. 127v–153r ist eine *Questio* erhalten, die von Friedrich selbst

---

3 Jörg, *Untersuchungen*, S. 48–54. Die von Jörg gewählte Überschrift «Ordensgeschichtliche Materialien» erfaßt indessen die weitreichende Bedeutung dieser
   Handschrift nicht ganz.

mit «De gaudio beatorum» überschrieben wurde, aber in Wahrheit folgendem Thema gewidmet ist:

> Primo queritur utrum anime sanctorum a corporibus exute videant facialiter seu presencialiter divinam essenciam seu naturam (fol. 127v).

Es wird hier die Frage gestellt, ob die Seelen nach dem Tode die göttliche Wesenheit direkt und von Angesicht zu Angesicht sehen. Der greise Johannes XXII. hatte bekanntlich in der Theologie der *visio beatifica* durch vier Predigten, die er zwischen Allerheiligen 1331 und Lichtmeß 1332 in Avignon gehalten hat, große Verwirrung gestiftet und eine außerordentlich heftige Debatte unter den Theologen ausgelöst, die erst durch die Bulle «Benedictus Deus» vom 29. Januar 1336 beigelegt wurde, in der Benedikt XII. zu den theologischen Irrlehren seines Vorgängers in definitiver Weise Stellung bezogen hat[4].

Gegen die Tradition hatte Jacques de Duèse nämlich behauptet, die Seelen der Verstorbenen würden erst nach dem Jüngsten Gericht der *visio beatifica* teilhaftig:

> Animae ergo sanctae ante diem iudicii sunt sub altare, id est sub consolatione et protectione humanitatis Christi; sed post diem iudicii ipse elevabit eas, ut videant ipsam divinitatem et secundum hoc dicentur ascendere supra altare[5].

Nicht nur am päpstlichen Hof in Avignon, wo der *magister sacri Palatii*, Armandus de Bellovisu, von Juli bis Dezember 1332 eine ausführliche Widerlegung des Papstes unternimmt, sondern an allen wichtigen Bildungsstätten Europas werden die Thesen des Papstes diskutiert. Daß die Streitfrage die Geister wirklich beunruhigte, beweist etwa die Einberufung eines Theologenkonvents durch den französischen König Philipp VI. im August 1333 in Vincennes, wo der König eine klare Antwort auf die Streitfrage erhalten wollte. Die Münchner Minoritengruppe um Ludwig den Bayern hat als erste die päpstliche Häresie gebrandmarkt: Bereits im April 1332 erläßt Bonagratia da Bergamo einen Aufruf gegen denjenigen, den er nicht mehr Johannes XXII., sondern schlichtweg Jacques de Cahors nennt (Münchner Appellation vom 10. April).

Die im Codex 60 erhaltene *Questio* ist ein Dokument aus diesem bedeutsamen Theologenstreit. Der unbekannte Autor sagt, er habe nicht ohne

---

4 Vgl. dazu und zum Folgenden Marc Dykmans (Hg.), *Les sermons de Jean XXII sur la vision béatifique*, Rom 1973.

5 Sermo I, nach Dykmans, *Sermons* (wie Anm. 4), S. 96.

Furcht und Zittern («non sine magno conscientie timore et tremore») sich
entschlossen, zu diesem wichtigen Thema Stellung zu beziehen. Die Stel-
lungnahme ist eindeutig. Der Autor belegt die überkommene Lehre einer
unmittelbaren Gottesschau nach dem Tode mit unzähligen Argumenten
aus der Tradition. Im zweiten Teil widerlegt er Einwände und greift die
Thesen des Papstes, ohne ihn zu nennen, scharf an. Sie sind häretisch:

> Ex premissis igitur omnibus et quampluribus aliis liquet sane intelli-
> genti quod astruere et dogmatizare publice vel occulte, quod anime
> sanctorum post mortem non videant dei faciem nude et aperte usque
> ad diem iudicii vel usque ad corporum resurrectionem, est contra
> sacram paginam novi et veteris testamenti, contra doctrinam sancto-
> rum patrum et contra diffinitiones et determinationes universalis
> ecclesie ... Ideo hoc est ab omnibus tamquam hereticum et vinculo
> excommunicationis anathematizatum vitandum (fol. 150r-v).

Anneliese Maier, die erstmals auf die Bedeutung dieses aufschlußreichen
Textes, den sie als «Questio friburgensis» bezeichnet, aufmerksam gemacht
hat, ist es gelungen, dieses Dokument präziser zu situieren[6]. Wie A. Maier
belegen kann, kennt der Verfasser der *Questio* die Disputation von Armandus ebenso wie den Münchner Aufruf von Bonagratia. Sie dürfte deshalb
gegen Ende 1332 oder am Anfang von 1333 entstanden sein, jedenfalls vor
Bonagratias Entwurf der «Forma appellationis Trevirensis» vom Sommer
1333, da Bonagratia von der *Questio* ebenso Gebrauch macht wie andere
Texte aus dem Münchner Kreis. A. Maier hat deshalb nicht nur München
als Entstehungsort der *Questio* vermutet, sondern sogar geglaubt, sie könne
den Freiburger Text Wilhelm von Ockham zuschreiben[7].

Seit der Studie von Anneliese Maier wurde die *Questio* leider nie mehr
eingehend untersucht. Deshalb konnte auch die Autorenfrage bislang nicht
gelöst werden. Eine genauere Untersuchung dieses Werkes, das hinsichtlich
seiner wissenschaftlichen Qualität nach dem Urteil von A. Maier «durchaus
eines Ockham würdig ist»[8], würde sich in jedem Falle lohnen.

Im Hinblick auf unsere Fragestellung können zwei Beobachtungen
gemacht werden. Zum einen belegt diese *Questio*, wie übrigens die ganze
Dokumentation des Codex 60 und der Codex 28[9], in dem der «Defensor

---

6 Anneliese Maier, *Eine unbeachtete Quaestio aus dem Visio-Streit unter Johannes
   XXII.*, in: *Ausgehendes Mittelalter*, Bd. 3, Rom (1977), S. 503–542.
7 Maier, *Quaestio*, S. 523–527.
8 Maier, *Quaestio*, S. 526.
9 Zu dieser Handschrift vgl. Jörg, *Untersuchungen*, S. 45–48.

Pacis» überliefert wird, ein besonderes Interesse Friedrichs für eine ganz präzise kirchenpolitische Richtung, die durch die Münchner Gruppe von Intellektuellen um Ludwig den Bayern verkörpert wird. Zum anderen wird im Codex 60 mit dieser *Questio* ein Dokument aus einer grundlegenden intellektuellen Debatte des 4. Jahrzehnts des 14. Jahrhunderts aufbewahrt, das keineswegs nur lokalhistorische Bedeutung besitzt.

2. Codex 51

Der Codex 51 ist bislang weniger eingehend untersucht worden als die beiden anderen hier besprochenen Handschriften[10]. Das Kolophon, fol. 153r, informiert uns darüber, daß diese Handschrift im Jahr 1364 von einem sonst unbekannten Konrad von Sulzbach in Straßburg abgeschrieben worden ist. Es kann vermutet werden, daß Friedrich den Codex daselbst erworben hat, als er sich vielleicht vor 1384 zur Ausbildung im Minoritenkonvent aufhielt. Christoph Jörg und Pascal Ladner haben die Handschrift paläographisch und kodikologisch genau beschrieben. Ich kann mich deshalb auf den Inhalt konzentrieren. Nach einem Ensemble von 37 Fragen, die als «questiones morales bene pulchre ac moderne» bezeichnet werden, folgt eine Abschrift des Sentenzenkompendiums des Franziskaners Johannes de Fonte (fol. 120r–153r). Vier Fragen aus dem Bereich der Naturphilosophie sowie ein Textstück mit dem Incipit «Deus potest facere quidquid non includit contradictionem» ergänzen den Inhalt des Codex.

Ch. Jörg hatte in seinem nicht publizierten Katalog bereits festgestellt, daß es sich bei diesem Text um ein Fragment aus dem Wilhelm von Ockham zugeschriebenen «Tractatus de principiis theologie» handelt. Der Traktat, der kaum Ockham selber zum Verfasser haben kann, aber praktisch nur aus Zitaten aus authentischen Werken des Franziskaners besteht, ist im Jahr 1988 in Band VII der «Opera omnia» Ockhams neu publiziert worden. Die Edition stützt sich auf vier Handschriften, vernachlässigt indessen das Freiburger Fragment, das 65 der insgesamt 248 Lehrsätze der

---

10 Vgl. Jörg, *Untersuchungen*, S. 41–45; Ruedi Imbach, Pascal Ladner, *Die Hand-schrift 51 der Freiburger Franziskanerbibliothek und das darin enthaltene Fragment des Ockham zugeschriebenen Traktats «De principiis theologiae»*, in: *Filosofia e teologia nel Trecento. Studi in ricordo di Eugenio Randi*, hg. von Luca Bianci, Louvain-la-Neuve 1994, S. 105–127.

Schrift enthält. Ein genauer Vergleich unseres Fragmentes mit der neuen
Edition aufgrund einer Transkription des Fragments macht deutlich, daß
sehr enge Beziehungen bestehen zwischen der Handschrift Assisi, Bibl.
Commun. 199, und dem Freiburger Fragment, wobei feststeht, daß beide
Handschriften von einer Vorlage abgeschrieben worden sind, die nicht
unwesentlich von der publizierten Fassung abweicht und in einem gewissen Sinne eine selbständige Fassung des Werkes darstellt[11].

Dieses Fragment eines Textes, der die radikalsten Aspekte von Ockhams
Denken umfaßt, zumal im Traktat versucht wird, die gesamte Theologie
aus dem Unmittelbarkeits- und dem Ökonomieprinzip abzuleiten, offenbart Friedrich von Ambergs Interesse für die *via moderna* ockhamistischer
Prägung. In eine ähnliche Richtung weist meines Erachtens auch die
Quästionensammlung, mit der die Handschrift eröffnet wird. Es handelt
sich um 37 Fragen, deren Inhalt durch die Überschrift – «questiones morales» – nur unzureichend beschrieben wird. In der Tat werden grundlegende
Themen der Theologie und Philosophie behandelt, wobei auffällt, daß
Probleme, die Gnade und Verdienst, Freiheit und Sünde betreffen, besonders häufig und eingehend erörtert werden.

Aufgrund mehrerer Querverweise der durchgängig in der ersten Person
verfaßten Fragen kann mit großer Wahrscheinlichkeit vermutet werden,
daß die Quästionen von *einem* Autor stammen. Des weiteren kann angenommen werden, daß der Verfasser dem Franziskanerorden angehört, wie
bereits Ch. Jörg vermutet hat[12]. An einer Stelle, nämlich fol. 50v, wird auf
die «Regula bullata» verwiesen. Wenn Herkunft und Bedeutung der vorliegenden Quästionensammlung genauer bestimmt werden sollen, bedarf es
einer präziseren Prüfung ihres Inhalts. Ich möchte in diesem Zusammenhang lediglich eine Frage etwas ausführlicher betrachten.

Die 32. Frage trägt den Titel: «Utrum sit aliquod futurum contingens a
deo scitum» (fol. 41v–45v). Das Problem der sogenannten *futura contingentia* gehört seit Aristoteles zu den interessantesten und schwierigsten Problemen der Logik und Metaphysik. Im 9. Kapitel seiner Schrift
«Perihermeneias» stellt Aristoteles die Frage nach dem Wahrheitswert von
Aussagen über die Zukunft. Ist der Satz «Morgen wird es regnen» wahr
oder falsch? Dieser Satz bezieht sich auf etwas Zukünftiges (*futurum*) und
etwas nicht Notwendiges (*contingens*). Aristoteles hat die Meinung vertre-

---

11 Vgl. dazu den in Anm. 10 erwähnten Aufsatz, wo auch weitere Informationen
    zu dieser Handschrift und ihrem Inhalt zu finden sind.
12 Jörg, *Untersuchungen*, S. 42.

ten, daß der Wahrheitswert solcher Aussagen noch unbestimmt sei. Zwar ist notwendigerweise einer der beiden Sätze: «Es wird morgen regnen» oder «Es wird morgen nicht regnen» wahr, aber es ist zum jetzigen Zeitpunkt nicht auszumachen, welcher der beiden Sätze wahr ist. Das Problem wird wesentlich komplizierter, wenn die Existenz eines allwissenden Gottes vorausgesetzt wird. Ein allwissender Gott weiß, ob es morgen regnen wird oder nicht. Er weiß also, welcher der beiden Sätze wahr oder falsch ist. Die Sache wird noch einmal erschwert, wenn wir gleichzeitig freie Subjekte, das heißt Menschen oder Engel, ins Spiel bringen. Welcher der beiden Sätze: «Ich werde morgen zur Kirche gehen» oder «Ich werde morgen nicht zur Kirche gehen» ist wahr? Wenn Gott bereits weiß, welcher der beiden Sätze wahr ist, wie steht es dann mit meiner freien Entscheidung? Wird durch das göttliche Vorherwissen der *futura contingentia* nicht die menschliche Freiheit gefährdet?

Selbstverständlich haben alle mittelalterlichen Theologen diese Probleme erörtert. Wilhelm von Ockham hat indessen, wie in vielen Fällen, der Problematik eine neue Dringlichkeit verliehen, namentlich in seinem wichtigen Traktat «De praedestinatione et de praescientia dei respectu futurorum contingentium»[13]. In diesem Traktat und den entsprechenden Stellen im Sentenzenkommentar hat Ockham zum einen der ganzen Problematik eine sprachphilosophische Wendung gegeben, das heißt er hat die Problematik propositionalisiert, indem er das Problem des göttlichen Vorherwissens als Problem des göttlichen Wissens über Sätze, die die Zukunft betreffen, formuliert und analysiert hat. Zum anderen hat Ockham die weitere Diskussion dadurch stimuliert, daß er behauptete, Gott besitze ein kontingentes Wissen von zukünftigen Sachverhalten, das heißt er wisse das Zukünftige notwendigerweise, aber nicht als Notwendiges, das heißt als noch nicht Bestimmtes[14].

Wiewohl dieser Lösungsversuch vor allem in Oxford einigen Erfolg erntete, namentlich bei Adam Wodeham, impliziert er ein nicht geringes sach-

---

13 Der grundlegende Traktat ist im zweiten Band der «Opera philosophica» Wilhelms ediert (St. Bonaventure 1978); vgl. Dominik Perler, *Prädestination, Zeit und Kontingenz. Philosophisch-historische Untersuchungen zu Wilhelm von Ockhams «Tractatus de praedestinatione et de praescientia Dei respectu futurorum contingentium»*, Amsterdam 1988 (enthält auch eine deutsche Übersetzung der Schrift); *William Ockham, Predestination, God's Foreknowledge and Future Contingents*, transl. by Marilyn McCord Adams and Norman Kretzmann, New York 1969.

14 Vgl. Perler, *Prädestination*, S. 126–162.

liches Problem: Wie ist er mit der Offenbarung zukünftiger Ereignisse vereinbar? Die Probleme werden fast unüberschaubar: Wenn geoffenbarte zukünftige Ereignisse notwendig sind, dann ist neuerdings die menschliche Freiheit gefährdet; sind sie dagegen nicht notwendig, ist damit zu rechnen, daß sie nicht eintreffen, das heißt wir müssen einen täuschenden Gott annehmen. Der Dominikaner Robert Holcot hat das Dilemma in eindrücklicher Weise formuliert:

> Est de ista questione apud modernos studentes maxima difficultas. Occurrit enim ex una parte, si dixerimus quod oppositum revelati potest contingere, quod deus potest decipere, mentiri, perjurare, non solvere quod promisit ... Ex alia parte, si dixerimus quod oppositum revelati non potest evenire, videtur derogare divine potencie[15].

Thomas Bradwardine hat nach seinem eigenen Zeugnis als junger Student der Philosophie geglaubt, der Mensch sei Herr seiner selbst. Als er dann die Studien der Theologie angefangen hatte, ereignete sich in seinem Leben eine eigentliche Bekehrung, die sein ganzes Lebenswerk bestimmen sollte:

> Postea vero, adhuc nondum theologiae factus auditor, praedicto argumento velut quodam gratiae radio visitatus, sub quadam tenui veritatis imagine videbar michi videre a longe gratiam dei omnia bona merita praecedentem tempore et natura, scilicet gratiam Dei voluntatem, qui primus utroque modo vult merentem salvari, et prius naturaliter operatur meritum ejus in eo quam ipse, sicut est in omnibus motibus primus motor; unde et ei gratias refero, qui mihi hanc gratiam gratis dedit[16].

---

15 Die Frage «Utrum facta revelatione alicuius futuri contingentis, ipsum maneat contingens post revelationem» ist noch nicht publiziert (Oxford, Balliol College 246, fol. 225vb–256ra). Ich zitiere den Passus nach Jean-François Genest, *Le «De futuris contingentibus» de Thomas Bradwardine*, in: *Recherches augustiniennes* 14 (1979), S. 259. In einer späteren Arbeit hat Genest nachgewiesen, daß die in diesem Artikel publizierte *Questio* Bradwardines zu seinem verloren geglaubten Sentenzenkommentar gehört: ders., Katherine H. Tachau, *La lecture de Thomas Bradwardine sur les Sentences*, in: *Archives d'histoire doctrinale et littéraire du moyen âge* 57 (1990 < 1991 >), S. 301–306.

16 *De causa dei contra Pelagium et de virtute causarum libri tres*, I, 35, ed. Henry Savile, London 1618, S. 308 D. Zur diesbezüglichen Lehre Bradwardines vgl. die grundlegende Darstellung bei Jean-François Genest, *Prédétermination et liberté créée à Oxford au XIVe siècle. Buckingham contre Bradwardine*, Paris 1992, S. 9–86.

Diese Einsicht des wesenhaften Vorranges der göttlichen Gnade vor den Werken, die Bradwardine wie eine plötzliche Erleuchtung beschreibt, ist der Grundgedanke seines Hauptwerkes, «De causa dei», das im Jahr 1344 abgeschlossen worden ist. In diesem riesigen Werk kritisiert Thomas nicht bloß mit erstaunlicher Ausführlichkeit die «neuen Pelagianer», die dem Menschen zu viel zutrauen, er verteidigt vor allem in aller Ausführlichkeit die These von der durchgängigen Notwendigkeit des Zukünftigen: Alles, was geschieht, geschieht notwendig aufgrund einer *necessitas antecedens* Gottes[17]. Die vorangehende Notwendigkeit definiert Thomas als eine Ursache, deren Setzung notwendigerweise ihre Wirkung zeitigt[18]. Daraus folgt, daß es keinen Akt eines endlichen Willens gibt, zu dem dieser nicht in einer bestimmten Weise von Gott genötigt wird[19].

Die Thesen Bradwardines haben einen außerordentlich heftigen und lebendigen Lehrstreit provoziert. Die Freiburger *Questio* nimmt zu dieser Debatte Stellung und kann in Bezug gesetzt werden zu der von Bradwardine vor allem in Oxford ausgelösten Diskussion[20]. Als erstes können wir festhalten, daß der Verfasser der *Questio* den Inhalt von «De causa dei» kennt und sich darauf bezieht. Diese Behauptung kann durch folgende Feststellungen belegt werden: Im ersten Teil[21] stellt der anonyme Autor acht verschiedene Meinungen bezüglich der gestellten Frage vor. Es sind dies genau jene Meinungen, die Bradwardine in derselben Reihenfolge in den Kapiteln XII–XIX des dritten Buches auflistet und kritisiert[22].

---

17 Vgl. Genest, *Prédétermination*, S. 67 und 73.

18 Cf. *De causa dei*, III, 2 (wie Anm. 16), S. 646: «Unde et potest eligi talis definitio necessitatis naturaliter praecedentis, quod ipsa est causa activa, qua posita cum omnibus suis dispositionibus sufficientibus naturaliter praeviis quibus causat suum causatum, necessario et indefectibiliter sequitur illud causari».

19 *De causa dei*, III, 2 (wie Anm. 16), S. 646: «Deus quodammodo necessitat quamlibet voluntatem creatam ad quemlibet liberum actum suum». Vgl. Genest, *Prédétermination* (wie Anm. 16), S. 62.

20 Die außerordentlich reichhaltige Studie von Genest gibt einen Überblick zu dieser Auseinandersetzung.

21 Der Aufbau der Frage wird fol. 42r dargelegt: «In ista questione tria faciam: Primo ponam opiniones diversas, secundo opinionem Brawardini, tertio ponam opinionem, que videtur michi verior et solidior, et solvam argumenta Brawardini».

22 Ich lege hier die Argumente der Freiburger Quästio vor, der Vergleich mit den entsprechenden Kapiteln bei Bradwardine ist leicht zu machen: (fol. 42r) «Prima opinio est mathematicorum, quam recitat Boecius in I Peryermeneias, que opi-

Der anonyme Autor benützt indessen das Werk des englischen Autors
nicht nur, er stellt dessen Lehren ausführlich vor und unterzieht sie einer
eingehenden Kritik:

> (fol. 42v) Istis opinionibus visis sequitur opinio Brawardini, qui dicit,
> quod omnia futura, que eveniunt, necessario eveniunt necessitate
> antecedente.

---

nio dicit, quod omnia eveniant necessario et de necessitate absoluta ... Ista opinio est contra fidem et tollit libertatem contradictionis et voluntatis, quia si
omnia evenirent necessario, damnabor necessario, ideo sive peccem sive non
sive velim sive nolim, ymmo quidquid fecero non salvabor. ... Alia opinio est
Ciceronis, quam recitat Augustinus in libro De Trinitate. Ille enim dixit et
posuit multa evenire contingenter et nulla de necessitate. De illis, ut dixit, que
eveniant contingenter deus non habet prescienciam, quia cum illis non potest
stare infallibilitas dei, sed de necessariis deus habet prescienciam, quia cum illis
potest stare infallibilitas dei. Ista opinio est contra fidem ... Tercia opinio est
Boecii De consolatione philosophie et Anselmi De casu dyaboli, qui dicunt,
quod quamvis sint multa contingentia futura in sui natura, tamen deo nulla sunt
futura contingentia. Racio est, quia deus omnia in eternitate novit et omnia sunt
simul sibi presencia. Ista opinio non valet ... Quarta opinio est Sophystarum,
qui dicunt, quod nichil est futurum contingens. Probant autem hoc sic: Futurum contingens non est ens. Ergo futurum contingens est non ens. Sequitur:
Futurum contingens est non ens. Ideo futurum contingens est nichil. Ideo nichil
est futurum contingens. Quod non sit ens, patet, quia tunc non esset futurum,
quia, quod est ens, non est futurum ... Ista opinio obviat omni sciencie ... (42v)
Alia est opinio Mechanicorum (sic), qui dicunt, quod nichil est futurum contingens, quia nullam potenciam ponunt ad futurum, sicut recitat Philosophus IX
Metaphysice ... Ista opinio non valet, quia deponit omnia consilia de futuris et
de illis, que non insunt et possent inesse ... Alia opinio est, que dicit, quod nulla
proposicio de futuro est vera vel falsa determinate in sensu diviso, et sic nichil
est futurum in sensu divisionis. Isti allegunt Philosophum in Peryermeneias, qui
dicit, quod de futuris contingentibus non est determinata veritas. Ista opinio
non valet, quia ponit medium inter verum et falsum ... Septima opinio est, quod
nulla res citra deum cadit sub dei providencia et sciencia, quia omnis res potest
aliter fieri, quam est, et sic deus posset falli in sua sciencia et providencia. Ista
opinio non valet, quia deus est sapientissimus, ideo nichil latet suam scienciam
et providenciam, quia aliter non esset omnia sciens. Alia opinio, que dicit quod
res sunt in duplici differencia, quedam sunt voluntarie, quedam naturales. Res
voluntarie non cadunt sub dei sciencia, sed res naturales, quia ille necessario
eveniunt. Ista opinio est falsa». – Zu den Entsprechungen im Werke Bradwardines vgl. *De causa dei*, III, 12–19 (wie Anm. 16), S. 688–695.

Der ebenso lange wie spitzfindige Mittelteil der *Questio* ist der Auseinandersetzung mit Bradwardine gewidmet, dessen Hauptthesen der anonyme Autor in folgender Weise zusammenfaßt:

(fol. 42v) Et iste doctor ponit aliquas conclusiones:
Una est, quod non omnia eveniunt de necessitate absoluta.
Secunda est, quod non omnia eveniunt de necessitate respectiva ad causas secundas.
Tertia conclusio, propter quam ponit alias conclusiones est, quod omnia, que eveniunt, eveniunt de necessitate antecedente cause prime. Ex ista secuntur alie:
Prima est, quod nullus actus create voluntatis est liber libertate contradictionis simpliciter, sed secundum quid in ordine ad causas secundas.
Alia est, quod nullus actus voluntatis create est contingens simpliciter, sed secundum quid.
Alia est, quod solus actus voluntatis dei ad extra est liber libertatis contradictionis simpliciter.
Iste conclusiones dependent ex tercia conclusione, que dicit, quod omnia, que eveniunt, eveniunt ex necessitate antecedente.

Der Autor wirft nach einer ausgedehnten Darlegung Bradwardine vor, daß seine Auffassung die christliche Lehre von Verdienst und Sünde zerstöre, daß sie die Freiheit des Menschen zunichte mache:

(fol. 43r) Contra istam opinionem arguo. Et primo sic: Si ista opinio esset vera, tunc sequitur, quod frustra fierunt consilia, exortaciones, oraciones et predicaciones ...
Secundo: Ista opinio facit homines tepidos ad bonum, pravos ad malum. Item facit homines desperare finaliter ...
(fol. 43v) Tercio ista opinio tollit meritum et demeritum. Hoc patet de se, quia tollit omnem libertatem ...
Si opinio esset vera, sequitur, quod homo non esset magis liber in actibus suis quam animal brutum. Consequens falsum. Probatio consequentie, quia quidquid homo facit parte, sicut deus ordinavit, necessario facit, et per consequens non libere. Ergo quicumque vult, ut deus vult eum velle, hic iuste vult et bene. Sed omnis homo, qui vult, vult, sicut deus vult eum velle. Ideo nullus peccat, sed iuste et bene facit.

Was den eigentlichen Kern der Problematik[23] betrifft, vertritt der anonyme Autor eben jene Position, die Bradwardine angriff: Gott weiß das zukünftig Kontingente nicht als notwendiges. Deshalb besteht beim Satz «Gott weiß a; also wird a sein» nur eine Notwendigkeit der Folge, nicht des Folgenden[24].

Die außerordentlich subtile Behandlung des Themas bedürfte einer ebenso subtilen Auslegung, die wir an dieser Stelle nicht vornehmen können. Trotzdem sind einige Schlüsse möglich:

Die anonyme *Questio*, die nachweisbare Bezüge zu «De causa dei» aufweist, muß zwischen 1344 und 1364 entstanden sein, da die Abfassung des Hauptwerkes von Bradwardine einen «terminus post quem» liefert und das

---

23 Interessant ist die Definition von «necessitas», die mit den entsprechenden Auffassungen bei Ockham, Bradwardine und Buckingham zu vergleichen wäre: (fol. 43v) «Istis visis respondeo ad argumenta sua, premittendo unam distinctionem de necessitate, scilicet quod duplex est necessitas, scilicet antecedens et consequens. Antecedens adhuc est duplex, scilicet simpliciter et secundum quid. Necessitas autem simplex est, qua posita cum omnibus condicionibus requisitis impossibile est non evenire absolute per quamcumque potenciam. Necessitas antecedens secundum quid est, quando aliquid eveniet sic necessario, quod tamen ex parte unius sibi derelicta non potest non evenire, ex parte tamen alterius potest non evenire, sicut patet de igne posito iuxta stupam, qui quantum est ex parte ignis non potest non calefacere stupam, tamen ex alia parte, puta dei, potest ignis non calefacere. Sic eciam de ista «sol orietur cras et omne corruptibile aliquando corrumpetur», ista non possunt non evenire quantum est ex parte secundarum causarum, possunt tamen impediri per deum. Necessitas consequens est, que sequitur posicionem actus, sicut necesse est esse, quod est in esse omne, quando est, et omne fore, quod erit, quando erit ... Ista distinctione posita dico aliter distinguendo necessitatem antecedentem, quam iste doctor diffinit, nam necessitas antecedens secundum me est causa, qua posita non est possibile oppositum effectus istius cause evenire in sensu compositionis».

24 Vgl. (fol. 45r) «Deus scit a fore, ideo erit, dico, quod necessitas ista se tenet ex parte consequentie, non consequentis, et dico cum hoc, quod ego possum facere quod illud, quod deus prescivit futurum, numquam erit futurum in sensu divisionis». Des weiteren: (fol. 45r) «Respondeo igitur ad questionem, quando queritur, utrum aliquod futurum contingens sit a deo scitum, dico, quod sciencia potest capi dupliciter. Uno modo proprie, ut sit respectu illorum, que sunt impossibilia aliter se habere, sicut dicit Philosophus primo Posteriorum. Sic dico, quod deus nullam scienciam habet de futuris contingentibus. Aliter capitur sciencia pro noticia infallibili, cui nulla fallibilitas est annexa. Sic dico, quod deus habet scienciam de futuris contingentibus».

Datum der Abschrift einen «terminus ante quem». Dieser Text liefert ein interessantes Dokument zur Auseinandersetzung mit den Lehren des sogenannten «doctor profundus». Auf den ersten Blick ist man versucht, eine *englische* Herkunft des Dokumentes zu vermuten. Diese Vermutung wird durch mehrere explizite Hinweise auf zeitgenössische Autoren bestätigt. Der fol. 98v erwähnte Richard Kilvington hat um 1333 in Oxford die Sentenzen gelesen[25]; Johannes de Rodington, der fol. 43v genannt wird, war 1336–1340 Provinzial der englischen Franziskaner, er hatte seine Sentenzenvorlesung um 1328–29 abgehalten[26]. Johannes Went (fol. 39r) las die Sentenzen in Oxford 1336–1337[27]. Thomas Buckingham dagegen, der fol. 19r vorkommt, soll nach den neuesten Forschungen von Jean-François Genest seine Sentenzenvorlesung zwischen 1337 und 1341 abgehalten haben[28]. Alle diese Autoren haben also im dritten oder vierten Jahrzehnt in Oxford gelehrt.

Die Vermutung eines englischen Ursprungs der vorliegenden Quästionensammlung wird indessen durch folgende Feststellung, wenn nicht erschüttert, so doch zumindest in Frage gestellt. Gregor von Rimini, dessen zweites Buch des Sentenzenkommentars ursprünglich im ersten Teil der Handschrift überliefert wurde, hat im Jahr 1345 in Paris die Magisterwürde erlangt[29]. Wenn wir die neueren Forschungen zum Einfluß des englischen Denkstils in Paris berücksichtigen[30], dann liegt die Vermutung nahe, daß

---

25 Vgl. William J. Courtenay, *Schools and Scholars in Fourteenth-Century England*, Princeton N.J. 1987, S. 244.

26 Courtenay, *Schools*, S. 267.

27 Courtenay, *Schools*, S. 274.

28 Genest, *Prédétermination* (wie Anm. 16), S. 28.

29 Vgl. Venicio Marcolino, *Der Augustinertheologe an der Universität Paris*, in: Heiko A. Oberman, *Gregor von Rimini, Werk und Wirkung bis zur Reformation*, Berlin 1981, S. 127–194, besonders S. 168–183 zur Datierung der Sentenzenvorlesung in Paris. In meiner früheren Studie (*Die Handschrift 51*, wie Anm. 10) hatte ich S. 119 behauptet, fol. 52r, 79v und 93v beziehe sich der anonyme Autor auf Gregor von Rimini. Eine genauere Prüfung dieser Stellen zeigt indessen, daß es sich um Gregor den Großen handeln muß.

30 Cf. William J. Courtenay, Katherine Tachau, *Ockham, Ockhamists, and the English German Nation at Paris, 1339–1341*, in: *History of Universities* 2 (1984), S. 53–96; William J. Courtenay, *The Role of English Thought in the Transformation of University Education in the Late Middle Ages*, in: *Rebirth, Reform and Resilience in the Late Middle Ages 1300–1700*, ed. James A. Kittelson, Columbus 1984, S. 103–162; ders., *The Reception of Ockham's Thought at the University of Paris*, in: *Preuve et raisons à l'Université de Paris*, édité par Zénon Kaluza et Paul

auch der anonyme Text in Paris entstanden sein könnte, denn der Einfluß
der erwähnten Autoren in Paris um 1340 ist belegt[31]. Wir können deshalb
die Hypothese aufstellen, daß die Quästionensammlung um 1350 in Paris
entstanden ist. Eingehendere Untersuchungen werden diese Behauptung
verifizieren oder falsifizieren.

3. Codex 26

Wahrscheinlich ist der Codex 26 die berühmteste Freiburger Handschrift.
Im Jahr 1965 hat Damasus Trapp diesem Manuskript einen weithin beachteten und berühmten Aufsatz gewidmet[32]. Dieser Aufsatz verfolgte ein
doppeltes Ziel. Er wollte zum einen auf eine geistesgeschichtlich bedeut-
same Textsammlung hinweisen; zum anderen wollte P. Trapp, wie bereits
der Titel andeutet, eine Unterscheidung hinsichtlich des Denkens im 14.

Vignaux, Paris 1984, S. 43–64; Katherine H. Tachau, *Vision and Certitude in the
Age of Ockham. Optics, Epistemology and the Foundations of Semantics, 1250–
1345*, Leiden 1988, S. 315–352.

31 Vgl. Katherine H. Tachau, *French theology in the mid-fourteenth century: Vati-
can latin 986 and Wroclaw, Milich F. 64*, in: *Archives d'histoire doctrinale et littéraire du moyen âge* 51 (1985), S. 41–80. In dieser bedeutsamen Studie beschreibt
die Autorin unter anderem den Sentenzenkommentar, der in Vat. lat. 986, fol.
1ra–31vb überliefert wird. Der anonyme Autor, der nach der Auffassung von
Tachau dem Franziskanerorden angehörte, nennt namentlich (von den Autoren, die in unserem Codex erwähnt werden) Adam Wodeham, Chatton, Ockham, Johannes Rodington und Johannes Went aus dem Kreis der Minoriten
sowie Bradwardine, Gregor von Rimini und Richard Kilvington (vgl. S. 44–45).
Nach der Autorin ist der Kommentar nicht nach 1360 geschrieben worden (S.
46). Zénon Kaluza ist es gelungen, diesen Kommentar genauer zu datieren (nach
1355 und vor 1361); vgl. dazu: *L'oeuvre théologique de Richard Brinkley O.F.M.*,
in: *Archives d'histoire doctrinale et littéraire du moyen âge* 56 (1989 < 1990 >), S.
190 Anm. 49. Es kann schließlich noch darauf hingewiesen werden, daß Jean de
Mirecourt, der die Sentenzen 1344–1345 in Paris las, die Texte von Adam
Wodeham, Thomas Bradwardine, Richard de Kilvington und Thomas Buckingham ebenfalls ausgiebig benutzte, wie Jean-François Genest und Paul Vignaux
nachgewiesen haben: *La bibliothèque anglaise de Jean de Mirecourt: subtilitas ou
plagiat?*, in: Olaf Pluta (Hg.), *Die Philosophie im 14. und 15. Jahrhundert. In
memoriam Konstanty Michalski (1879–1947)*, Amsterdam 1988, S. 275–301.

32 *Moderns and Modernists in MS Fribourg Cordeliers 26*, in: *Augustinianum* 5
(1965), S. 241–270.

Jahrhundert verdeutlichen, nämlich die Unterscheidung zwischen modernistischen und modernen Denkern. Unter Modernisten verstand er jene
Theologen und Philosophen, die vom Rekurs auf die göttliche Allmacht
einen subversiven oder gar korrosiven Gebrauch machten. Im Codex 26
glaubte er Vertreter dieser Richtung zu finden, aber auch gemäßigt
moderne Denker, das heißt solche, die zwar die neue nachockhamistische
Denkweise in Theologie und Philosophie integrieren, sie aber moderat
verwenden. Zu den modernen Denkern zählt Trapp seinen Mitbruder aus
dem Augustinerorden, Facinus de Ast, von dem in unserem Codex ein
Physikkommentar sowie ein Traktat «De maximo et minimo» erhalten
ist[33], oder Wilhelm Centueri von Cremona[34], einen Franziskaner, dessen
Kommentar zum zweiten Buch der Sentenzen ebenfalls im Codex überliefert wird. Als Vertreter des sogenannten Modernismus stuft Trapp vor
allem zwei Texte ein, die beide nur anonym überliefert sind, die zehn
«Questiones» (fol. 82r–139v), die Trapp dem Monachus Niger Ulcredus
Boldon[35] zuschreibt, sowie ein fragmentarischer Sentenzenkommentar, fol.
190r–208r. Diesen letzten Kommentar, der als typisches Produkt des
Oxforder Modernismus bezeichnet wird, schreibt Trapp einem Friedrich
von Regensburg zu, der mit dem Besitzer der Büchersammlung identisch
ist. Er soll nach den Hypothesen Trapps in Oxford studiert haben, wo
auch dieser Kommentar entstanden sein soll. A. B. Emden hat im Gefolge
diesen Friedrich sogar in das biographische Register der Universität Oxford
aufgenommen[36].

Ch. Jörg hat nachgewiesen, daß der fragliche Kommentar zwar von
Friedrich eigenhändig abgeschrieben wurde, aber daß Friedrich nicht der
Verfasser ist. Er glaubt, daß ein «nicht identifizierbarer Autor aus dem

---

33 Auf meine Anregung hin hat Istvan Bodnar eine kritische Edition dieses Kom-
    mentars vorbereitet, die in Bälde erscheinen wird.
34 Zu diesem Autor vgl. Cesare Cenci, *Fr. Guglielmo Centueri*, Verona 1967.
35 Trapp identifiziert zwei verschiedene Autoren, den sogenannten Monachus
    Niger und Ulcredus Boldon; vgl. David Knowles, *The Censured Opinions of
    Uthred of Boldon*, in: ders., *The Historian and Character*, Cambridge 1963, S.
    129–170. Von diesem Autor ist der unter dem Namen «Monachus Niger»
    bekannte Autor zu unterscheiden; vgl. Courtenay, *Schools* (wie Anm. 25), S.
    274. Das Fragment des Sentenzenkommentars im Freiburger Codex stammt
    vom Monachus Niger.
36 Alfred B. Emden, *A Biographical Register of the University of Oxford to 1500*,
    Vol. 3, Oxford 1959, 1564.

Oxforderkreis» als Autor in Frage komme[37]. William J. Courtenay hat im Jahr 1988 das Problem der Autorschaft dieses Kommentars neu aufgegriffen[38]. Er kommt zum selben Ergebnis wie Jörg, was die Autorschaft betrifft, vermutet indessen, daß dieser Text zwischen 1364 und 1368 entstanden sei, das heißt gleichzeitig wie der Sentenzenkommentar Wilhelms von Centueri, der genau datiert werden kann: 1368 in Bologna[39]. Auch der erste Teil der Handschrift, mit den Werken des Facinus de Ast, die Courtenay nicht ohne gewisse Gründe in dieselben Jahre nach Bologna verlegt, verweist nach Bologna. Courtenay folgert daraus, daß der Codex 26 ein neues, sehr gewichtiges Zeugnis für den anhaltenden englischen Einfluß in Italien in der zweiten Hälfte des 14. Jahrhunderts sei[40]. In der Tat hat der amerikanische Gelehrte in zahlreichen Arbeiten nachzuweisen versucht, auf welchen Wegen das postockhamistische englische Denken nach Italien gelangt ist. Nur eine vollständige Transkription und Interpretation des Kommentars könnte uns helfen, die Frage des Verfassers und des Entstehungsortes eventuell zu lösen. Genaueres läßt sich indessen über die Entstehungszeit sagen. Friedrich hat den Codex in der heutigen Zusammenstellung am 4. Mai 1380 binden lassen. Dieser «terminus ante quem» kann durch einen «terminus post quem» ergänzt werden. Der fragliche Kommentar zitiert mehrmals einen Reverendus Pater Klenkok (fol. 205r). Es handelt sich hierbei um einen aus Niedersachsen stammenden, in Prag ausgebildeten Augustiner, der im Schuljahr 1354/1355 in Oxford seine Sentenzenvorlesung hielt und 1359 die Magisterwürde erlangte[41]. Klenkok gehört mit dem Franziskaner Richard Brinkley[42] zur Oxforder Theolo-

---

37 Jörg, *Untersuchungen*, S. 22. Zum gesamten Inhalt sowie zur Zusammensetzung der Handschrift vgl. S. 17–34.

38 William J. Courtenay, *Friedrich von Regensburg and Fribourg Cordeliers 26*, in: Pluta, *Philosophie* (wie Anm. 31), S. 603–613.

39 Courtenay, *Friedrich*, S. 609.

40 Courtenay, *Friedrich*, S. 613: «Finally, Cordeliers 26 provides further evidence for the continuing influence of English authors and English works in Italy in the second half of the fourteenth century.» Vgl. ebenfalls William J. Courtenay, *The Early Stages in the Introduction of Oxford Logic into Italy*, in: Alfonso Maierù, *English Logic in Italy in the 14th and 15th Centuries*, Acts of the 5th European Symposium on Medieval Logic and Semantics, Rome, 10–14 November 1980, Napoli 1989, S. 13–32.

41 Vgl. Adolar Zumkeller, *Johannes Klenkok O.S.A. († 1374) im Kampf gegen den «Pelagianismus» seiner Zeit*, in: *Recherches augustiniennes* 12 (1987), S. 231–333.

gengeneration nach dem Schwarzen Tod[43]. Der erste Einfluß Klenkoks auf dem Festland ist um 1360 anzusetzen. Unser anonymer Kommentar dürfte also ungefähr zur gleichen Zeit wie derjenige von Wilhelm Centueri de Cremona und die Werke des Facinus entstanden sein, das heißt im 8. Jahrzehnt des 14. Jahrhunderts.

Die intellektuelle Haltung, die diesen Kommentar auszeichnet, kann anhand eines Beispieles verdeutlicht werden. Der anonyme Autor greift die These Bradwardines auf, nach der Gott das Vergangene ungeschehen machen kann. Das Argument taucht bezeichnenderweise im Kontext der wissenschaftstheoretischen Frage auf, ob die Theologie den natürlichen Prinzipien der Philosophie widerspreche:

> (fol. 190vb) Sacra theologia ponit voluntatem divinam ex se mere liberam et omnipotentem ad producendum ad extra. Sed hoc multipliciter repugnat principiis philosophie.

Daß die Annahme eines freien Gottes mit der Philosophie nicht vereinbar ist, wird danach folgendermaßen bestätigt:

> (fol. 190vb) Si voluntas divina omnipotens ad producendum est mere libera, preteritum potest esse non preteritum.

Dieselbe Unvereinbarkeit von Theologie und Philosophie wird auch anhand eines ethischen Beispieles erörtert, indem darauf hingewiesen wird, daß die christliche Ethik von den Menschen Dinge verlange, die mit dem Naturgesetz nicht vereinbar sind:

> (fol. 190vb) Existens in sacra religione ordinis mendicantium habens patrem vel matrem in extrema necessitate obligatur iuxta practicam theologie ad inpossibilia.

Der Kommentar betont die Spannung zwischen Glauben und Wissen in ebenso paradoxer Weise wie er die Allmacht Gottes hervorhebt. Es liegt auf der Hand, daß es einer Edition dieses Kommentars bedürfte, um präzisere Aussagen zu begründen.

---

42 Zu diesem im Codex ebenfalls erwähnten Autor vgl. Kaluza, *Richard Brinkley* (wie Anm. 31), S. 169–273.

43 Zu diesem Kreis vgl. auch Courtenay, *Schools* (wie Anm. 25), Part III: *Oxford after the Black Death*, S. 327–355.

4. Zum Schluß

Es ist angebracht, die im Titel angedeutete Frage nach der philosophie-historischen Relevanz der Büchersammlung mindestens andeutungsweise zu beantworten.

1. Die drei von uns kurz besprochenen Codices repräsentieren gleichsam drei verschiedene Momente in der Entwicklung des Denkens im 14. Jahrhundert, sie verweisen gleichzeitig auf verschiedene intellektuelle Zentren Europas. Während der Codex 60, jedenfalls in dem von uns berücksichtigten Teil, Texte aus dem 4. Jahrzehnt enthält, die allesamt auf der Achse Avignon-München zu situieren sind, deutet der Codex 51 auf die Achse Oxford-Paris hin. Die dritte Handschrift schließlich, wo eindeutig in Bologna entstandene Texte überliefert werden, die deutlich englische Einflüsse manifestieren, deutet auf eine dritte Achse hin: Oxford-Bologna.

2. Diese Tatsache allein ist beachtenswert: In der Bibliothek des deutschen Franziskaners spiegeln sich die internationalen Ideenvernetzungen des 14. Jahrhunderts. Wenn wir den Codex 20, der den Pariser Sentenzenkommentar des Petrus von Candia aus dem Jahre 1374[44] überliefert, und den Codex 28, mit dem «Defensor Pacis», dazunehmen, dann wird dieses Bild noch ergänzt.

3. Die in den von Friedrich aufbewahrten Manuskripten erhaltenen Texte spiegeln zwar drei wichtige Momente im Denken des 14. Jahrhunderts – die politisch-theologische Auseinandersetzung um Johannes XXII., die Oxforder Dispute um Gnade, Freiheit und Notwendigkeit und den Stand der Theologie um 1365 –, aber in der Freiburger Zeit Ambergs, also nach 1392, handelt es sich um vergangene Debatten. Am Ende des Jahrhunderts wird die Pariser Szene bereits von Johannes Gerson und Pierre d'Ailly beherrscht[45].

4. Die Codices 26 und 51 liefern eine eindrückliche Bestätigung eines Phänomens, das die neueste Erforschung des spätmittelalterlichen Denkens mit Nachdruck hervorhebt: Der Export englischen Denkens in der Mitte des 14. Jahrhunderts, so formuliert William Courtenay, ist eine der bedeutsamsten Entwicklungen in der intellektuellen Geschichte des Spätmittel-

---

44 Vgl. Jörg, *Untersuchungen*, S. 34–40.

45 Vgl. dazu das grundlegende Werk von Zénon Kaluza, *Les querelles doctrinales à l'Université de Paris. Nominalistes et réalistes aux confins du XIVe et du XVe siècles*, Bergamo 1988.

alters[46]. Die Texte, von denen wir gesprochen haben, sind nicht, wie Trapp und Jörg vermutet haben, englischen Ursprungs, sie sind vielmehr, wie sich Alfonso Maierù ausdrückt, Produkte der englischen Invasion[47], die um 1340 Italien und Paris erfaßt hat. Es ist zudem bemerkenswert, daß der Codex 51 in Straßburg abgeschrieben wurde. Es ist nach meiner Kenntnis das erste Zeugnis einer Präsenz der «subtilitates anglicanae» in diesem Studienzentrum.

5. Die hier leider nur sehr oberflächlich untersuchten Dokumente weisen nicht nur Beziehungen zu den wichtigsten Orten intellektuellen Lebens im 14. Jahrhundert auf, sie spiegeln auch in inhaltlicher Hinsicht zumindest einen Teil der am meisten diskutierten Probleme. Zwei Schwerpunkte sind eindeutig festzustellen. Es ist offensichtlich, daß die Vereinbarkeit «göttlicher Allmacht» und «menschlicher Freiheit» die Gemüter in außergewöhnlicher Weise beunruhigt hat. Wir müssen tatsächlich sagen «beunruhigt hat», denn wer wäre nicht verunsichert durch die Hypothese, daß Gott in seiner Allmacht das Vergangene ungeschehen machen kann?

Der zweite Punkt betrifft die erkenntnistheoretischen Fragen. In der ersten *Questio* des Physikkommentars von Facinus de Ast, wo gefragt wird, ob es eine evidente Naturerkenntnis gebe, stoßen wir auf die Hypothese eines Gottes, der eine Täuschung des Menschen zulassen könnte:

> (Cod. 26, fol. 14rb) Et similiter iste, de quo narrat Augustinus, qui somniabat, quod esset factus asinus et quod portabat frumentum ad domum unius hominis ... Et per consequens ex dei permissione poterit tibi apparere, quod album sit nigrum etc. Et per consequens non est evidens experientia aliqua propositio, cum omnis experientia possit tolli per istum modum.

Auch wenn diese Argumente zum Teil widerlegt werden, ihre bloße Formulierung offenbart eine ausgesprochene intellektuelle Sensibilität für die Grenzen menschlichen Wissens.

6. Es kann nicht die Aufgabe des Historikers sein, diese Tendenzen als Dekadenz zu beurteilen, wie Trapp dies versucht hat. Sie sind vielmehr Dokumente einer geistigen Lebendigkeit, Zeugnisse einer Freude am Fragen und Disputieren, eine Lust, die offenbar die Franziskaner sogar an einem Generalkapitel ergreifen konnte, wie ein letztes Beispiel aus dem

---

46 Courtenay, *Schools* (wie Anm. 25), S. 163.
47 Vgl. *Lo «Speculum puerorum sive terminus est in quem» di Riccardo Billingham*, in: *Studi Medievali* 10/3 (1969 <1970>), S. 297–397; sowie den wichtigen Sammelband: *English Logic in Italy* (wie Anm. 40).

Sentenzenkommentar Wilhelms von Cremona beweist, wo der *frater* im Zusammenhang mit der Erörterung der göttlichen Allmacht sich plötzlich an einen Disput am Generalkapitel von Florenz im Jahre 1365 erinnert:

> (Cod. 26, fol. 160v) Germanus meus concessit illud consequens in capitulo generali celebrato Florentie et, ut apparet argumentum, illud deducit. Sed tunc arguebat contra ipsum unus doctor minister Tuscie sic: Deus est omnipotens et non plus potest deus ad extra producere quam possit creatura; igitur creatura est omnipotens. Hoc enim argumentum fuit achilles eiusdem doctoris. Dixit Germanus meus negando consequentiam, sicut in veritate neganda est. Quam responsionem doctor notabilis discretus Anglie tunc circulum in disputatione regulans ... approbavit. Eius tamen oppositum minister predictus provincialis cum suo discreto asserebat, licet per argumenta non multum illam positionem fuerint conati destruere et tandem illa conclusio in suo robore permansit.

Eine Streitkultur, für die ich eine gewisse Bewunderung nicht verbergen möchte[48]!

---

48 Francis Cheneval und Thomas Ricklin haben freundlicherweise den Text kritisch durchgelesen. Besonderen Dank schulde ich Zénon Kaluza (Paris), der als vorzüglicher Kenner der intellektuellen Situation im Paris des 14. Jahrhunderts mir zahlreiche wertvolle Hinweise gegeben hat. Schließlich habe ich auch François-Xavier Putallaz (Sion) herzlich zu danken. Er bereitet eine Teiledition der Quästionen des Cod. 51 vor und hat mir erste Ergebnisse seiner Forschung freundlicherweise zur Verfügung gestellt.

Die Münchner Minoriten –
Ratgeber Ludwigs des Bayern

von Carl Pfaff

Friedrich von Amberg hat spätestens im Jahr 1419 den heutigen Codex 60 der Franziskanerbibliothek zusammengestellt. Darin vereinigte er verschiedene ordensgeschichtliche Texte, die sein Interesse an den Anfängen seines Ordens, dem Armutsstreit und den Auseinandersetzungen der Spiritualen und Kaiser Ludwigs des Bayern mit Papst Johannes XXII. bezeugen[1].

Auf fol. 153r–160r findet sich in flüchtiger Schrift des 14. Jahrhunderts ein anonymer Traktat mit dem Incipit «Ut in compositione». Hans Foerster hat den anscheinend nur hier überlieferten Text in den Miscellanea Francescana 1937 ediert, ins Jahr 1331 datiert und mit etwas vager Begründung Wilhelm von Ockham zugeschrieben[2]. Dazu glaubte er sich berechtigt, weil der bereits 1880 von Wilhelm Preger publizierte, ebenfalls anonyme Traktat «Quoniam scriptura»[3], der den gleichen Zweck verfolgt wie der unsrige – nämlich Ludwig den Bayern von einer Versöhnung mit dem Papst abzuhalten –, von Ernst Knotte 1903 in das genannte Jahr gesetzt und als Werk Ockhams bezeichnet worden ist[4].

Seit Foersters Edition ist der Freiburger Traktat in der Literatur bekannt. An seiner Datierung wurden keine Zweifel laut, dagegen wird er nicht mehr Ockham allein, sondern dem Münchner Kreis um den exkommunizierten Generalminister der Franziskaner, Michael von Cesena, zugeordnet[5]. Eine genauere Untersuchung des Textes gibt es bis heute nicht.

---

1 Jörg, *Untersuchungen*, S. 48–54.
2 Hans Foerster, *Ein unbekannter Traktat aus dem Streite Ludwigs des Bayern mit Johann XXII.*, in: *Miscellanea Francescana* 37 (1937), S. 590–614.
3 *Abhandlungen der Bayerischen Akademie der Wissenschaften, Phil.-Hist. Kl.*, 15, 2. Abt., S. 1–82.
4 Ernst Knotte, *Untersuchungen zur Chronologie von Schriften der Minoriten am Hofe Kaiser Ludwigs des Bayern*, Diss. Bonn/Wiesbaden 1903, S. 9, 12, 16.
5 Hilary S. Offler, *Meinungsverschiedenheiten am Hofe Ludwigs des Bayern im Herbst 1331*, in: *Deutsches Archiv für Erforschung des Mittelalters* 11 (1968), S.

Der Inhalt des Traktats läßt sich – unter Verzicht auf die zahlreichen Wiederholungen – in folgende fünf Punkte zusammenfassen:

1. Die Legalität der Wahl Ludwigs des Bayern zum König[6]: Hier geht es um die Frage, unter welchen Bedingungen Königswahl und Krönung im deutschen Königreich rechtens sind. Nach alter Gewohnheit, die als Recht gilt, ist der von der Mehrheit der Kurfürsten Gewählte als «in concordia» Erkorener zu betrachten. Als «concorditer celebrata» muß der Wahlakt dann angesehen werden, wenn er an dem vorausbestimmten Termin und am richtigen Ort (Frankfurt) und von der Mehrheit oder bloß von zweien der anwesenden Kurfürsten vorgenommen worden ist. Ihm schulden die Untertanen und Vasallen des Reiches sogleich Gehorsam. In Aachen ist er zu krönen und wird damit zum wahren römischen König. Eine an einem andern Termin von einer Minderheit vollzogene Wahl kann nicht legal sein und vermag für die rechtmäßig durchgeführte Wahl kein Hindernis abzugeben oder diese nachträglich zu einer zwiespältigen zu machen. Und selbst bei einer zwiespältigen Wahl müßte das Reich dem seinem Gegner militärisch überlegenen Kandidaten zufallen.

2. Der Approbationsanspruch des Papstes[7]: Die Erhebung des römischen Königs erfolgt ausschließlich durch die Wahl der Kurfürsten. Dem Papst steht kein Approbationsrecht zu; auch hat er nicht das Recht zu entscheiden, ob der Gewählte zum Kaiser promoviert werden könne.

3. Die Frage des Reichsvikariats[8]: Es ist unzulässig, wenn der Papst die Wahl Ludwigs – trotz Erhebung des Habsburgers Friedrichs des Schönen durch eine Minderheit – als zwiespältig und darum das Reich als verwaist erklärt. Das Reich ist nicht verwaist – und selbst wenn dies der Fall wäre, würde das Reichsvikariat nicht dem Papst zustehen, sondern wie seit alters dem Pfalzgrafen bei Rhein. Wenn also der «Herr Johann» eigene Reichsvikare in Italien ernennt, usurpiert er Rechte des Reiches, des Kaisers, der Fürsten und der Untertanen.

203–206. Carlo Dolcini, *Marsilio e Ockham*, in: *Medioevo* 6 (1980), S. 479–489. Zu den Minoriten im Münchner Exil vgl. Alois Schütz, *Der Kampf Ludwigs des Bayern gegen Papst Johannes XXII. und die Rolle der Gelehrten am Münchner Hof*, in: Hubert Glaser (Hg.), *Wittelsbach und Bayern. Die Zeit der frühen Herzöge. Von Otto I. bis Ludwig den Bayern*, Bd. I/1, München/Zürich 1980, S. 388–397, der im übrigen auf diesen Traktat nicht eingeht.

6 Foerster, *Traktat* (wie Anm. 2), S. 597–600, 602f.
7 Foerster, *Traktat*, S. 599, 606.
8 Foerster, *Traktat*, S. 598, 602, 604.

4. Das Problem der «potestas directa» des Papstes[9]: Der Vergleich der
Königs- mit der Papstwahl zeigt unmißverständlich den Unterschied zwischen weltlicher und geistlicher Gewalt, die nach Gottes Willen vonein-
ander völlig unabhängig sind. Wie der König geht auch der Papst aus einer
Wahl hervor. So wenig wie dieser bedarf auch jener einer «confirmatio»,
weil der Papst «in spiritualibus» ebenso wenig einen Höheren über sich hat
wie der König «in temporalibus». Keiner der beiden Inhaber höchster
Würden hängt von dem andern ab, keiner darf sich in den Zuständigkeits-
bereich des andern einmischen. Denn die «temporalia» sind von Gott dem
Kaiser, die «spiritualia» dem Papst anvertraut. Der Papst kann also nicht als
«vicarius Christi» die Macht über alle Reiche der Erde beanspruchen in
Berufung darauf, daß Christus in dem Maße, als er «homo viator» gewesen
sei, als König und Herr über alle Temporalien der Welt geherrscht habe.
Diese kuriale Doktrin ist offenkundig Häresie. Sie widerspricht dem Zeugnis Christi: Mein Reich ist nicht von dieser Welt. Der «Herr Johann» kann
daher auch nicht – gestützt auf die kuriale Translationstheorie – Italien
vom Reich abtrennen und gewisse Gebiete dem französischen König
zusprechen. Denn dem von den deutschen Fürsten Gewählten kommt
auch in Italien herrscherliche Autorität zu, wie schon aus seinem Titel «rex
Romanorum» hervorgeht.[10]

5. Das Armutsproblem[10]: In der Sachsenhäuser Appellation von 1324
hat Ludwig eidlich sein Festhalten an den Lehren der katholischen Kirche
bestätigt. Insbesondere bekennt er sich dort zu der Aussage, daß Christus
die Armut gepredigt und gehalten habe. Der «Herr Johann» leugnet diese
Lehre, weshalb Ludwig an ein Allgemeines Konzil appelliert hat. Der
«Herr Johann», der ein Konzil gering schätzt, fährt aber fort, Ludwig und
seine Berater der Häresie zu bezichtigen und belegt sie mit allen für Ketzer
bestimmten Kirchenstrafen. So ist dem Kaiser (1328) in Pisa nichts anderes
übriggeblieben, als den «Herrn Johann» als ipso facto exkommuniziert und
als notorischen Ketzer zu erklären[11].

Aus all diesen Überlegungen zieht der Verfasser von «Ut in compositione» den Schluß: Vorgängig einer möglichen Versöhnung hat Johann
XXII. all seine Irrtümer im Glauben wie auch all die Maßnahmen gegen
den Kaiser und seine Anhänger zu revozieren. Sollte sich dagegen Ludwig
ohne diese Voraussetzungen mit Johann versöhnen, entstünden sieben

---

9 Foerster, *Traktat*, S. 600–602, 604.
10 Foerster, *Traktat*, S. 608–610.
11 Foerster, *Traktat*, S. 605–614.

«inconvenientia». Ihr Tenor ist folgender: Ein späterer rechtmäßiger Papst,
der selbstverständlich die Lehre von der Armut Christi vertreten wird,
oder ein Allgemeines Konzil müßten den Kaiser als Häretiker verurteilen.
Ludwig würde durch die Guelfen erpreßbar, während die Getreuen des
Kaisers als Ketzer verschrien und schrecklichen Verfolgungen ausgesetzt
würden. Noch schlimmer wäre dies: Der Papst, der erfahrungsgemäß jene
täuscht, die ihm vertrauen, würde die Versöhnung nur vorgeben, weil sie
ihn von dem schwer auf seiner Person lastenden Vorwurf der Ketzerei
befreite, fände aber immer neue Gründe, um das Imperium zu zerstören.

«Ut in compositione» ist in einer eher für Juristen typischen Sprache abge-
faßt, die auf begriffliche Prägnanz bedacht ist und umständliche Wiederho-
lungen nicht scheut, um jedes denkbare Mißverständnis auszuschließen.
Der Verfasser erweist sich als Kenner des kanonischen wie des zivilen
Rechts. Er zitiert in einer seine Thesen stützenden Auswahl die Dekretalen
Gregors IX., aber auch die Clementinen, den Liber sextus Bonifaz' VIII.
Beweisstücke liefern ihm selbstverständlich die Digesten, die Institutionen
sowie die Novellen des Corpus iuris civilis[12].
  Etliche der hier gegen den Papst vorgebrachten Thesen unseres Traktats
– mit Ausnahme der theologischen Begründung von Johanns Häresie, die
aus seiner Haltung im Armutsstreit abgeleitet wird – fanden sich im Kern
schon in den ersten Appellationen, die Ludwig noch 1323 in Nürnberg[13]
und 1324 in Frankfurt[14] gegen die Eröffnung des Inquisitionsprozesses
durch den Papst am 8. Oktober 1323[15] eingelegt hat und die als Antwort
des Bayern auf die entsprechenden Vorwürfe des Papstes zu verstehen sind.
Ja in deren erweiterten Fassung, in der sogenannten Sachsenhäuser Appellation vom Mai 1324, begegnet uns auch schon der Vorwurf der Ketzerei
Johanns infolge seiner Leugnung der Armut Christi[16]. Angeblich hat ihn

---

12 Die Belegstellen bei Foerster, *Traktat*, passim.
13 *MGH Const.* 5, Nr. 824.
14 *MGH Const.* 5, Nr. 836.
15 *MGH Const.* 5, Nr. 792; dazu Dagmar Unverhau, *Approbatio – Reprobatio.*
    Studien zum päpstlichen Mitspracherecht bei Kaiserkrönung und Königswahl vom
    Investiturstreit bis zum ersten Prozeß Johanns XXII. gegen Ludwig IV.
    (Historische Studien 424), Lübeck 1973, S. 31–35.
16 *MGH Const.* 5, Nr. 909/10. Parallelen zu «Ut in compositione» betreffen fol-
    gende Punkte: Rechtmäßigkeit von Ludwigs Wahl zum König (c. 11–13, 18, 21),
    Gehorsamspflicht der Reichsuntertanen beziehungsweise -vasallen (c. 17), Got-
    tesurteil durch den Sieg über den Gegner (c. 17), Reichsvikariat (c. 27), Armuts-

Ludwigs Pronotar Ulrich Wild hinzugefügt, wenn auch nicht auf Geheiß, so doch mit stillschweigender Zustimmung des Königs, indem er einen aus minoritischer Feder stammenden Traktat über die Armutsfrage dem Text der Appellation angehängt hat[17]. Diese Sachsenhäuser Version hat dem Verfasser von «Ut in compositione» vorgelegen, wie er selbst bezeugt und durch einige sinngemäße Anlehnungen oder fast wörtliche Zitate belegt[18].

Bekanntlich ist Ludwig der Bayer am 20. Oktober 1314 vor den Toren Frankfurts von der Mehrheit der Fürsten zum König gewählt und anschließend in Aachen gekrönt worden, zwar mit den falschen Insignien, aber am rechten Ort. Seinen Gegenspieler, den Habsburger Friedrich den Schönen, hat eine Minderheit von weniger guten Stimmen am Tag zuvor in Sachsenhausen erhoben und ließ ihn nicht in Aachen, sondern in Bonn krönen, allerdings mit den richtigen Insignien[19]. Über sieben Jahre hat der Papst dem Thronstreit zugesehen und die beiden «electi» mit wechselnden juristischen Ausflüchten hingehalten. Es lag in seinem eigenen wie in den Interessen des hinter ihm stehenden französischen Königs, wenn die Thronwirren den deutschen Herrscher daran hinderten, in Reichsitalien einzugreifen, und so dem Papst erlaubten, «vacante imperio» eigene Vikare nach Italien zu entsenden[20].

Mit dem Sieg Ludwigs des Bayern über seinen habsburgischen Rivalen in der Schlacht bei Mühldorf im Jahr 1322 begann sich aber das Blatt zu wenden. Von den Ghibellinen gerufen, schaltete sich Ludwig in Italien ein. An der Kurie regten sich alte Ängste wieder, papale wie auch anjevinische

---

frage im minoritischen Anhang. Zum «theoretischen» Armutsstreit vgl. Jürgen Miethke, *Ockhams Weg zur Sozialphilosophie*, Berlin 1969, S. 348–427. Ders., *Die Rolle der Bettelorden im Umbruch der politischen Theorie an der Wende zum 14. Jahrhundert*, in: Kaspar Elm (Hg.), *Stellung und Wirksamkeit der Bettelorden in der städtischen Gesellschaft* (Berliner Historische Studien, 3, Ordensstudien, 2), Berlin 1981, S. 119–153.

17 Herbert Grundmann, in: Bruno Gebhardt (Hg.), *Handbuch der deutschen Geschichte* 1, Stuttgart ⁹1970, S. 524f; Hans-Joachim Becker, *Die Appellation vom Papst an ein allgemeines Konzil*, Köln/Wien 1988, S. 89; Schütz, *Kampf* (wie Anm. 5), S. 390.

18 Foerster, *Traktat* (wie Anm. 2), S. 596 und passim.

19 Grundmann, *Handbuch* (wie Anm. 17), S. 519f.

20 Unverhau, *Approbatio* (wie Anm. 15), S. 22, 327–352 (mit Literatur). Allgemein zum Konflikt zwischen Kaiser und Papst vgl. Jürgen Miethke, *Kaiser und Papst im Spätmittelalter. Zu den Ausgleichsbemühungen zwischen Ludwig dem Bayern und der Kurie in Avignon*, in: Zs. für historische Forschung 10 (1983), S. 420–446.

Pläne für eine Neuordnung Italiens wurden durchkreuzt[21]. Der greise Papst, ein gewiegter Jurist, dessen berüchtigte Intransigenz durch Altersstarrsinn sich potenzierte, wandte gegen Ludwig dieselben Waffen an, die er schon bisher auf seine italienischen Widersacher, die Visconti, die Este, die ghibellinischen Städte gerichtet hatte: Mit Bann und Interdikt gedachte er, seine Feinde in die Knie zu zwingen[22]. Sein prioritäres Ziel, die Ausschaltung des deutschen Königs aus dem italienischen Machtkampf, verfolgte er mit erbarmungsloser Härte, die selbst einige Mitglieder des heiligen Kollegiums in Schrecken versetzte. Aus einem Bericht des aragonesischen Gesandten in Avignon ist zu erfahren, daß im Konsistorium vom 4. Oktober 1322 die Kardinäle Napoleone Orsini und Pietro Colonna psychologische, historische und rechtliche Bedenken gegen das Vorgehen des Papstes vorgebracht haben[23]. Erregt antwortete ihnen der heilige Vater: «Male dicitis, male dicitis! Nos faciemus decretale in contrarium.» Und der Kardinal Gaetani meinte: «Sancte Pater, timendum est et dubitandum de furia Teutonicorum.» Darauf der Papst: «Per Deum! Et furiam invenient et iterum furiam invenient!» «Plures cardinales dolent, sed non audent resistere», fügte der Gesandte resigniert hinzu.

Die Taktik des Papstes bestand darin, gestützt auf die seit dem 13. Jahrhundert sich ausprägenden kurialen Ideen, die seine beiden Vorgänger, Bonifaz VIII. und Clemens V., zu einer extrem papalistischen Theorie fortentwickelt hatten[24], den deutschen Herrscher in ein Inquisitionsverfahren zu verwickeln, das dem Angeschuldigten nicht erlaubt, auf der Ebene der Diplomatie oder allenfalls auf dem Schlachtfeld zu agieren, sondern ihn zum Poenitenten erklärt, der nur durch bedingungslose Unterwerfung unter den heiligen Stuhl den Bannstrahl mit all seinen Folgen abwehren kann[25]. Auf die Zitation vor den päpstlichen Richterstuhl am 8.

---

21 Miethke, *Kaiser und Papst*, S. 433f.

22 Friedrich Bock, *Studien zum politischen Inquisitionsprozeß Johanns XXII.*, in: *Quellen und Forschungen aus italienischen Archiven und Bibliotheken* 26 (1935/36), S. 21–124.

23 *Acta Aragonesia* 1, Nr. 262, S. 394–396. Otto Berthold, *Kaiser, Volk und Avignon*, Darmstadt 1960, Nr. 1, S. 30–33.

24 Hermann Otto Schwöbel, *Der diplomatische Kampf zwischen Ludwig dem Bayern und der römischen Kurie im Rahmen des kanonischen Absolutionsprozesses 1330–1346*, Weimar 1968. Jürgen Miethke, *Geschichtsprozeß und zeitgenössisches Bewußtsein. Die Theorie des monarchischen Papats im hohen und späten Mittelalter*, in: *Historische Zs.* 226 (1978), S. 564–599.

25 Schwöbel, *Kampf*, S. 3–13. Unverhau, *Approbatio* (wie Anm. 15), S. 34f., 42ff.

Oktober 1323 folgte im März 1324 die Exkommunikation und im Juli die Deposition des Königs[26]. Nachdem sich Ludwig der Bayer auf den Inquisitionsprozeß eingelassen hatte, konnte er sich nur dann aus der Schlinge ziehen, die ihm der Papst um den Hals gelegt hatte, wenn es ihm gelingen sollte, Johannes XXII. als Ankläger und Richter in eigener Sache zu eliminieren. Ludwig mußte darum versuchen, den Papst selbst als «fautor haereticorum» und damit als «infamis» zu brandmarken. Nach kanonischem Recht durften nämlich nur unbescholtene, also keine «infames» als Ankläger fungieren. Zu diesem Zweck warf Ludwig dem Papst in der Nürnberger Appellation vor, die Minoriten zu begünstigen, die doch das Beichtgeheimnis brächen und die kirchliche Ordnung störten. Dieses schwache Argument ließ er sogleich wieder fallen, um es in der Sachsenhausener Appellation, wie erwähnt, durch das gegenteilige Argument im Sinne der franziskanischen Spiritualen ersetzen zu lassen. Die Appellation an ein Konzil wurde nötig, damit dieses als Schiedsrichterkolleg über die Rechtmäßigkeit des kurialen Verfahrens hätte entscheiden können. Insofern gehört Ludwigs Ruf nach einem Konzil nicht in die Vorgeschichte des Konziliarismus, sondern hat mit den Regeln eines kanonischen Verfahrens zu tun[27].

Der Bayer brachte aber kein Konzil zustande. Bann und Interdikt lasteten schwer auf weiten Teilen des Reiches. Ludwig hatte eine wachsende Fürstenopposition zu befürchten. Auch sein Rücktrittsangebot für den Fall, daß der Papst den Habsburger Friedrich den Schönen als König anerkennen wollte, bewirkte nichts. Es war ja wohl nur als taktisches Manöver gemeint, das die Unversöhnlichkeit des Papstes manifest machen sollte.

Ludwig entschloß sich im Jahr 1327 zum Romzug und ließ sich am 7. Januar 1328 von Sciarra Colonna im Namen des römischen Volkes in St. Peter die Kaiserkrone aufsetzen[28]. Ob er sich zu diesem allem Recht und aller Tradition widersprechenden Akt durch Marsilius von Padua und Johannes von Jandun verleiten ließ, wie oft vermutet wird, steht nicht fest. Dem Papst gab diese Provokation nur Anlaß, neue Prozesse zu eröffnen. Herrschaft und Krone Ludwigs bezeichnete er als eitel und nichtig, während der Kaiser den Papst als abgesetzt erklärte und den unbedeutenden Minoriten Petrus von Corvaro als Nikolaus V. auf den päpstlichen Thron

---

26 *MGH Const.* 5, Nr. 881, 909/10, 944.
27 Schwöbel, *Kampf*, bes. S. 15–17. Becker, *Appellation* (wie Anm. 17), S. 83–99.
28 *MGH Const.* 6, Nr. 383. Miethke, *Kaiser und Papst* (wie Anm. 20), S. 436f.

erhob[29]. Johannes drängte dagegen bei den Kurfürsten auf die Neuwahl eines Königs, und zwar in der Person des französischen Herrschers. Diese Maßnahmen des Papstes stärkten aber eher die Position Ludwigs im Reich, obwohl er mit der unrechtmäßigen Kaiserkrönung und der unglücklichen Erhebung eines Gegenpapstes kirchliches Recht in gröbster Weise verletzt hatte.

Um endlich einen Ausweg aus der beklemmenden Sackgasse zu bahnen, bemühten sich im Frühjahr und Sommer 1330 erst Ludwigs Schwiegervater Wilhelm von Holland-Hennegau, dann der dänische König Christoph und mit eigennützigen Zielen König Johann von Böhmen, schließlich auch Herzog Otto von Österreich. Sie wurden von der Kurie allesamt abgewiesen[30].

Auf der kaiserlichen Seite mußte man sich endlich zur Einsicht durchringen, daß ohne Konzessionen das Inquisitionsverfahren nicht aus der Welt zu schaffen sei. Im Sommer des Jahres 1331 trat bei Ludwig eine Wende ein. Päpstliche Geleitbriefe lassen auf eine damals nach Avignon geschickte Gesandtschaft schließen, die offenbar die kurialen Bedingungen für eine Lösung erkunden mußte. Die Antwort des Papstes ist nicht überliefert. Dagegen ist ein deutsch abgefaßtes Protokoll einer Sitzung Ludwigs und seiner Räte erhalten[31]. Dort besprach man zehn päpstliche Bedingungen, formulierte die Repliken und setzte seinerseits zehn Konditionen hinzu. Aus diesem Dokument geht hervor, daß der Papst zwar von seinen Forderungen nicht abrückte, doch immerhin sich bereit fand, Ludwig unter Umständen als König anzuerkennen. Voraussetzungen dazu wären die Kirchenbuße, die Ergebung in die Gnade der Kirche, aber auch der zeitweilige Verzicht Ludwigs auf die Krone gewesen, was dem Papst die Gelegenheit zur Approbation der Wahl zum König gegeben hätte. Wären diese Bedingungen erfüllt, könnten nach Meinung Johanns XXII. die Kurfürsten den heiligen Vater um die Kaiserkrönung Ludwigs ersuchen.

---

29 *MGH Const.* 6, Nr. 436f.

30 Schwöbel, *Kampf* (wie Anm. 24), S. 161–171. Carl August Lückerath, *Zu den Rekonziliationsverhandlungen Ludwigs des Bayern,* in: *Deutsches Archiv für Erforschung des Mittelalters* 26 (1970), S. 549–566, dazu vgl. Miethke, *Kaiser und Papst* (wie Anm. 20), S. 437 Anm. 58.

31 Sigmund Riezler, *Die literarischen Widersacher der Päpste zur Zeit Ludwigs des Bayern,* Leipzig 1874, Stück C, S. 329f. Schwöbel, *Kampf* (wie Anm. 24), S. 46, 48f., 76f., 165. Hilary S. Offler, *Über die Prokuratorien Ludwigs des Bayern für die römische Kurie,* in: *Deutsches Archiv für Erforschung des Mittelalters* 8 (1950), S. 461–487.

Der «kayser und all sein weiser rat, pfaffen und layen», wie es in dem Bericht heißt, gingen jedoch nur partiell auf diese Bedingungen ein. Unverzichtbar für Ludwig blieb das Eingeständnis des Papstes, daß sich der Kaiser keiner Irrtümer im Glauben schuldig gemacht habe, daß Ehre und Würde des Reiches nicht tangiert würden und die Kaiserkrönung als ein Sakrament nicht wiederholt werden könne. In unserem Zusammenhang ist indessen folgendes bemerkenswert: Zur ersten Bedingung machte der Papst, daß Ludwig den Marsilius von Padua und die Münchner Barfüßer zum Gehorsam gegen den heiligen Stuhl zwinge. Kaiser und Rat wiesen diese Bedingung kategorisch ab und forderten, Marsilius, die Minoriten und andere Helfer Ludwigs seien wie dieser selbst zu behandeln und in die Versöhnung einzubeziehen. Hernach müßten die Kardinäle eine Disputation über die Thesen des Marsilius und der Minoriten herbeiführen. Nur wenn diese dort verworfen würden und die Angeschuldigten den Widerruf verweigerten, werde Ludwig auf kirchliches Geheiß vorkehren, was rechtens sei. In dieser Antwort des Kaisers und seiner Räte den bestimmenden Einfluß des Marsilius und der Minoriten zu vermuten, liegt auf der Hand, zumal die öffentliche Diskussion ihrer Thesen ein altes Postulat der Brüder um Michael von Cesena gewesen ist. Spezifisch minoritisches Gedankengut liegt auch einigen der zehn kaiserlichen Klagepunkte zugrunde, die sich insbesondere auf die gottgewollte Trennung der geistlichen und der weltlichen Sphäre und ihrer unabhängigen Kompetenzbereiche sowie auf die Machtverhältnisse in Italien beziehen[32].

Am kaiserlichen Hof sah man alsbald ein, daß diese von Ludwig und seinem Rat verabschiedeten Antworten und Gravamina keine erfolgversprechende Basis für die diplomatischen Verhandlungen mit Johann XXII. abgeben konnten. In einer geheimen Instruktion für die an die Kurie zu schickenden Unterhändler herrscht bereits ein zu weitgehenden Konzessionen bereiter Ton vor[33]. Zwar hält Ludwig an der Anerkennung seiner Rechtgläubigkeit durch den Papst fest, was diesen zum Eingeständnis zwingen sollte, den Kaiser nicht rechtskräftig exkommuniziert zu haben. Aber Ludwig läßt seine Bereitschaft erklären, für die Vergehen gegen die Kirche Buße zu tun, den Kaisertitel, wie es der Papst verlangt, im Falle einer erneuten Kaiserkrönung durch Johann, vorher abzulegen, aber nur

---

32 Riezler, *Widersacher*, S. 331f.
33 Gedruckt bei Christoph Gewoldus, *Defensio Ludovici IV. imperatoris etc.*, Ingolstadt 1618, S. 118–120, und bei Carlos Pincin, *Marsilio*, Turin 1967, S. 259–261. Schwöbel, *Kampf* (wie Anm. 24), S. 77f., 168.

für einen Augenblick. Im Widerspruch zu den vorher im Rat gefaßten Beschlüssen ist er bereit, auf dem Feld der politischen Ordnung in Italien dem Papst entgegen zu kommen, und in bezug auf Marsilius und die Minoriten gibt er seinen Gesandten den Auftrag: «Das wir die gern in unser richtung wellen nemen, un mit uns bringen gehorsam dem stul. Wolten die des nicht volgen, woellen wir uns Jr entsaussen (entledigen) un sie fürbass nicht mehr schirmen. Und daucht dann den Stul das sie icht täten, das wider den glauben ware, spräch uns der Stul darum zue, so wolten wir den glauben schirmen»[34], das heißt nichts weniger, als die Asylanten fallen lassen.

Wie ist diese Wende zu verstehen? Einmal ist an die politisch-militärische Lage im Sommer und Herbst des Jahres 1331 zu erinnern. Den eigenmächtigen Italienzug Johanns von Böhmen beobachteten Kaiser und Papst mit großem Mißbehagen. Französische, auf die Lombardei gerichtete Gelüste drängten Ludwig, dessen Anhang sich weiter verstärkte, zum Handeln. Der Papst wie der Kaiser mußten zudem erkennen, daß die bisher verfolgte Taktik den Gegner nicht vom Thron zu stürzen vermochte. Ludwig kam es darauf an, den Ausgleich auf diplomatischem Weg zu sichern und dem tückenreichen Inquisitionsprozeß auszuweichen. Marsilius und die Minoriten konnten ihm dabei nur hinderlich sein. Deutsche Adelige und Rechtsgelehrte gewannen damals am Hof die Oberhand. Für sie galt es, den Kaiser im Interesse des Reiches endlich von dem Odium von Bann und Absetzung zu befreien. Zu diesem Kreis deutscher Berater – man hat sie die Realpolitiker genannt, im Gegensatz zu Marsilius und den franziskanischen Ideologen – gehörten die beiden an die Kurie geschickten Unterhändler, der Laie Ulrich von Augsburg und der Eichstätter Domherr Arnold von Minnepeck als gewiegte Kanonisten, aber neben andern auch die Grafen Ludwig und Friedrich von Oettingen oder Berthold von Henneberg und Berthold von Neuffen[35].

Marsilius und die Minoriten mußten also damit rechnen, daß der Kaiser alsbald seine schützende Hand von ihnen zurückziehen könnte. Um die drohende Katastrophe abzuwehren, entschlossen sie sich offensichtlich, in einem an den Kaiser gerichteten Appell Ludwig wieder auf die Bahn zurückzulenken, die er 1323/24 selber eingeschlagen hatte. Zu diesem Zweck ist der Traktat «Ut in compositione» zusammengestellt worden.

---

34 Gewoldus, *Defensio*, S. 118.
35 Schwöbel, *Kampf* (wie Anm. 24), S. 18–24. Offler, *Prokuratorien* (wie Anm. 31), S. 198–203.

Entweder diente er ihnen als interner Entwurf, oder er zeitigte bei den Adressaten keinerlei Erfolg. Denn es ist, wie erwähnt, ein zweiter Traktat überliefert mit dem Incipit «Quoniam scriptura», der dasselbe Ziel verfolgt wie «Ut in compositione», doch gedanklich konzentrierter und zielstrebiger argumentierend, unter Verzicht auf die in unserem Traktat zahlreichen Quellenbelege. Welch gedrückte Stimmung im Herbst 1331 unter diesen exilierten Intellektuellen geherrscht haben muß, geht eindrücklich aus dem Eingangs- und Schlußpassus dieses zweiten Traktats hervor. Bittere Klage wird geführt über eine einflußreiche Gruppe um den Kaiser, «die ihn unaufrichtig berät oder dessen Sache weniger gut kennt, die keine Ahnung hat von der heiligen Schrift, der natürlichen Vernunft und der glaubwürdigen (geschichtlichen) Überlieferung, auf denen die Rechte des Kaisers basieren»[36]. Der Traktat mündet in die eindringliche Mahnung an Ludwig: «Sich wie eine unüberwindbare Mauer dem Papst entgegenzusetzen, von diesen Verführern sich nicht täuschen zu lassen. Wie dieser treulose Jacobus de Careto (Cahors), so wird Johannes XXII. verächtlich genannt, so soll umgekehrt Ludwig seine Unschuld, sein Recht, seine Glaubenstreue durch die *sapientes* (die Intellektuellen) verkünden lassen. Das könne leicht geschehen, wenn er sein Recht von den *sapientes*, die sich darin auskennen und (überhaupt) von den gebildeten Männern, die auch auf das Gegenargument eingehen können, erörtern lasse ... Aber jetzt ist das Recht der Lächerlichkeit preisgegeben, weil den *sapientes*, die es kennen, dieses zu verkünden, überhaupt nicht erlaubt wird. Wen wundert's, wenn nun viele meinen, sie seien dem Kaiser unnütz geworden wie Ritter, die trotz ihrer im Kampf (erprobten) Tapferkeit nutzlos sind, wenn sie ihre Schwerter nicht zücken dürfen»[37]. Aus diesen verzweifelten Worten spricht die Ohnmacht der an den Münchner Hof geflohenen Franziskaner. Es mußte ihnen bewußt werden, daß sie Ludwig als Instrumente dienten, deren er sich entledigte, ja sie physischer Bedrohung aussetzte, wenn es seine Interessen erheischten.

Mit guten Gründen lassen sich also die beiden Traktate in den Herbst 1331 datieren, und es bleibt uns nur noch die Frage nach der Verfasserschaft zu stellen. Dabei steht in der Diskussion der Anteil Wilhelms von Ockham im Vordergrund, nachdem eine Autorschaft des Marsilius von Padua ausgeschlossen wird. Für den Traktat «Quoniam scriptura» hat H. S. Offler noch weitergehende Parallelen zu Werken des Engländers, als sie

---

36 *Abhandlungen* (wie Anm. 3), S. 76f.
37 *Abhandlungen*, S. 82.

bisher bekannt waren, zusammengestellt, die zwar «schlagend» sind, aber nach seiner Meinung doch nicht für die Annahme einer alleinigen Verfasserschaft ausreichen. Die «Anonymität» von «Quoniam scriptura» bleibt «noch bestehen»[38]. In «Ut in compositione» vermag Offler schon gar kein spezifisch ockhamistisches Gedankengut zu erkennen, nur daß der Autor ein Minorit gewesen sein muß, steht für ihn außer Zweifel[39]. Schließlich hat C. Dolcini «Quoniam scriptura» noch näher an Ockhams Ideen herangerückt, ohne etwa einen Einfluß des Marsilius und Michaels von Cesena zu leugnen, so daß er die Schrift treffend als «opera composita» charakterisiert, als Gemeinschaftswerk der «sapientes»[40]. Dies könnte wiederum Ockhams beteiligte Hand bezeugen, sprach er doch den «sapientes», den Gelehrten, die den Glauben mit Verstand und Willen zu erfassen vermöchten, notfalls die Stellvertretung der ecclesia universalis zu. Ihnen überband er die Pflicht zum Widerstand, wenn die weltliche Macht in die Zuständigkeit der geistlichen oder die geistliche Gewalt in die weltliche eingreift. Als «opera composita» hat mit Sicherheit auch «Ut in compositione» zu gelten, nur dürfte hier der Jurist, demnach wohl am ehesten Bonagratia von Bergamo, federführend gewirkt haben, wie zuletzt auch C. Dolcini[41] vermutet hat.

Wie dem sei, die beiden Texte gehören bestimmt einer für die exilierten Minoriten äußerst kritischen Phase im letzten großen Streit zwischen Kaiser und Papst an. Vor dem Schlimmsten bewahrte sie bald die Unversöhnlichkeit Johanns und seiner Nachfolger, bald die Unbeugsamkeit des Kaisers. Michael von Cesena und seine Ordensbrüder gewannen alsbald wieder einen gewissen Einfluß auf Ludwig zurück[42]. An dessen wiederholten Versuchen, mit der Kurie zu einem Einvernehmen zu gelangen, hatten sie aber selbstredend keinen Anteil. Die beiden Traktate widerspiegeln ihre theoretische Position, die sie grundsätzlich nicht mehr in Frage stellten. Das theologische Grundanliegen Michaels und seiner Freunde – die Lehre von der Armut der Kirche Christi – wandelte sich im Munde Ludwigs zu einem polemischen Argument im Kampf um seine Anerkennung als König und Kaiser, der sich zur grundsätzlichen Auseinandersetzung über das Verhältnis von Imperium und Sacerdotium ausgeweitet hatte. Letztlich

---

38 Offler, *Prokuratorien* (wie Anm. 31), S. 205.
39 Offler, *Prokuratorien*, S. 206.
40 Dolcini, *Marsilio* (wie Anm. 5), S. 487–489.
41 Dolcini, *Marsilio*, S. 488.
42 Hans-Jürgen Becker, *Das Mandat «Fidem catholicam» Ludwigs des Bayern von 1338*, in: *Deutsches Archiv für Erforschung des Mittelalters* 26 (1970), S. 454–512.

blieb aber dem in seinem Wesen konservativen, kirchentreuen Herrscher
die geistige Welt der Spiritualen fremd[43], und nach seinem Tod verloren
Streitschriften wie «Ut in compositione» vollends ihren Aktualitätswert:
Um so bemerkenswerter ist es, daß in einer schon sehr gewandelten Welt
der Freiburger Minorit Friedrich von Amberg für die kritischen Gedan-
kengänge seiner bedeutenden Ordensbrüder ein keineswegs selbstverständ-
liches Interesse gefunden hat.

---

43 Schütz, *Kampf* (wie Anm. 5), S. 395, betont wohl mit Recht, es sei noch kaum
   möglich, das tatsächliche politische Gewicht der Gelehrten an Ludwigs Hof
   abzuschätzen. Ludwig hat sich jedenfalls nach 1336 von ihren Lehren distan-
   ziert.

Die liturgischen Handschriften
der Freiburger Franziskanerbibliothek

von Joseph Leisibach

Das Ergebnis des heutigen Kolloquiums wird unter anderem aufzeigen, daß mir mit dem Thema «liturgische Handschriften» nur ein ganz kleines Segment vom Geburtstagskuchen, den die Freiburger Franziskanerbibliothek für einmal darstellt, zugeteilt wurde. Die Kleinheit bezieht sich aber keineswegs auf das physische Gewicht der betreffenden Codices, sind diese doch mehrheitlich am Anfang der heutigen Aufstellung zu finden, die nach alter bibliothekarischer Tradition mit den größten Formaten beginnt. Die Handschriften liturgischen Inhalts belegen demnach die Signaturen 1–3, 6, 7, 9, 10, dann weiter hinten die Nummern 86, 142 und 144.

Ich möchte auch nicht vorweg behaupten, es handle sich um einen *unbedeutenden* Teil der mittelalterlichen Bibliothek. Es fällt aber doch die verhältnismäßig geringe Zahl auf: nämlich zehn liturgische Codices auf einen Gesamtbestand von rund neunzig mittelalterlichen Handschriften. In anderen Beständen, die ich näher kenne, ist der Anteil von liturgischen Handschriften bedeutend höher: in der Dombibliothek von Sitten etwa rund die Hälfte; in der Sammlung der Kantons- und Universitätsbibliothek Freiburg, einem Mischbestand verschiedenster Provenienzen, ist es noch immer ein Drittel, bezogen auf den Fundus des Klosters Altenryf allein etwa ein Viertel.

Diesem Befund möchte ich gegenüberstellen, was Albert Bruckner in der bisher vollständigsten Übersicht über die mittelalterliche Freiburger Franziskanerbibliothek sagt: «Die Cordeliers von Freiburg besitzen eine reichhaltige, kostbare und nahezu bis in die Anfänge des Konvents zurückreichende Bibliothek, unter allen einheimischen Barfüßerbüchereien die bei weitem wertvollste und umfangreichste»[1]; Christoph Jörg fügt dem noch bei: «die ohne bekannte Verluste in unsere Zeit gerettet wurde»[2].

---

1 Bruckner, *Schreibschulen*, S. 83.
2 Jörg, *Untersuchungen*, S. 4.

Erwarten Sie nun nicht, meine Damen und Herren, daß ich mit Neu-entdeckungen aufwarte; wenn man jedoch in Betracht zieht, daß sich die liturgische Franziskanerbibliothek über den ohnehin geringen Umfang hinaus – wie wir gleich sehen werden – noch Abstriche gefallen lassen muß, so wird ein Fragezeichen zu Bruckners und Jörgs Befund nicht als Anmaßung gedeutet werden können.

Schauen wir erst einmal genauer hin, welche liturgischen Bücher, deren es im Mittelalter eine verwirrende Vielfalt gab, in der Franziskanerbiblio-thek überhaupt vorhanden sind. Wir finden hier zwei Gradualien, zwei Breviere, ein Antiphonar, einen Psalter und ein Diurnale. Um auf die ewähnte Zahl von zehn zu kommen[3], fehlen in dieser Aufzählung drei Codices. Zunächst Codex 7, bei dem es sich nicht um eine Franziskaner-handschrift handelt, sondern um ein «Missale Lausannense» aus dem 15. Jahrhundert. Das Missale hat mit der mittelalterlichen Franziskanerbiblio-thek nichts zu schaffen, denn es gehörte um 1800 dem Büchersammler Alois Fontaine und gelangte durch dessen Schenkung in den Besitz des Franziskanerklosters. Aber mit Freiburg steht diese schöne Handschrift dennoch in engster Beziehung. Zum einen erhielt sie schon im 15. Jahr-hundert einen Einband in der Werkstatt des Franziskaners Rolet Stoß; zum anderen legt die inhaltliche Analyse an den Tag, daß sie die genau gleichen Textvarianten aufweist wie ein anderes Lausanner Missale, das die Kantons- und Universitätsbibliothek Freiburg vor zwei Jahren aus Privatbesitz erwerben konnte[4]. Vermutlich wurden beide Meßbücher in der ersten Hälfte des 15. Jahrhunderts für Altäre der St. Niklauskirche hergestellt.

Vollends als Fremdkörper in der Franziskanerbibliothek figuriert Codex 10, von Bruckner[5] ziemlich zutreffend als Antiphonar bezeichnet, aber in einem Zustand der Umnebelung als «gotische Nachahmungsschrift des 16. Jahrhunderts» gesehen. Schon der grüngefärbte Einbandrücken weist auf Altenryfer Provenienz hin. Für mich gibt es keinen Zweifel, daß dieses zisterziensische Diurnale mit eingefügtem Hymnar um 1200 im Kloster Altenryf entstanden ist. Wie aber kommt die Handschrift in die Franzis-kanerbibliothek?

---

3   Eine ausführliche Beschreibung der 10 Codices findet sich bei Josef Leisibach, *Die liturgischen Handschriften des Kantons Freiburg (ohne Kantonsbibliothek)*, Freiburg 1977 (Iter Helveticum II, hg. von Pascal Ladner), S. 89–128.

4   Freiburg, Kantons- und Universitätsbibliothek, L 1946: Missale Lausannense, 15. Jahrhundert, Perg. 155 + 8 Bl.; unvollständig.

5   Bruckner, *Schreibschulen*, S. 86.

Es gibt dafür nur eine plausible Erklärung: Im Jahre 1848 wurde das
Franziskanerkloster, wie schon 1798, mit dem Verbot der Neuaufnahme
von Novizen belegt. Was die Bücherei anbelangt, hat der erste Direktor der
neugegründeten Kantonsbibliothek, Meinrad Meyer, beseelt von dienst-
fertigem Eifer, vollendete Tatsachen geschaffen, indem er die Franziskanerbibliothek, oder zumindest Teile derselben, kurzerhand dem 1852
und 1855 veröffentlichten Katalog der Kantonsbibliothek einverleibte[6]. Es
hat übrigens keiner der neueren Forscher von diesem Umstand Kenntnis
genommen. Ob die Bücher tatsächlich in die damals im Kollegium St.
Michael eingerichtete Kantonsbibliothek umgelagert wurden, entzieht sich
unserer Kenntnis. Ich vermute: ja, zumindest teilweise. Bekanntlich hat das
konservative Regime nach seinem Wahlsieg von 1857 den Beschluß von
1848 rückgängig gemacht, und bei der anschließend stattgehabten Rückstel-
lung der Bibliothek an das Franziskanerkloster kam es zur irrtümlichen
Übergabe von Codex 10 aus der ehemaligen, im Jahre 1848 tatsächlich und
endgültig eingezogenen Altenryfer Bibliothek. Die näheren Umstände
dieser Verschiebungen sind nicht bekannt. Ebenso ungeklärt sind ver-
gleichbare Verlagerungen von Schriftgut im Bereich der ehemaligen Jesui-
tenbibliothek. Die Forschung zur Bestandesgeschichte der Freiburger
Bibliotheken hat nicht nur hier noch ein weites Feld zu beackern.

Noch eine dritte Handschrift muß aus der mittelalterlichen Franziskanerbibliothek ausgeschieden werden, Codex 144, ein lateinisches Stun-
denbuch süddeutscher Herkunft, das sich am Anfang des 16. Jahrhunderts
mit Sicherheit noch in der Diözese Basel befand[7]; seit wann es sich in Freiburg befindet, ist völlig ungewiß.

Nach dieser Flurbereinigung sind wir zum franziskanischen Kern-
bestand der liturgischen Bibliothek des Freiburger Klosters vorgestoßen.
Aber noch immer handelt es sich nicht um autochthone Freiburger Provenienz. Völlig zutreffend haben bereits Bruckner[8] und Jörg[9] festgehalten,
daß aus der Zeit *vor* Friedrich von Amberg praktisch nur liturgische Handschriften erhalten geblieben sind, daß aber keine von ihnen mit Sicherheit
im Freiburger Konvent schriftbeheimatet ist. Von der Meinung der Haus-
historiker Nicolas Raedlé und Bernard Fleury, das Kloster habe seit seiner

---

6 *Catalogue de la Bibliothèque cantonale de Fribourg*, Bd. 1–2, Fribourg 1852–1855.
7 Die auf fol. 129v eingetragene Notiz bezieht sich auf die Vergabe eines Meß-
  stipendiums durch den Basler Bischof Christoph von Utenheim (1502–1527).
8 Bruckner, *Schreibschulen*, S. 85.
9 Jörg, *Untersuchungen*, S. 13 Anm. 3.

Gründung ein eigenes Skriptorium besessen[10], müssen wir wohl Abschied nehmen.

Bevor wir uns einzelnen Stücken aus der Sammlung zuwenden, ist die Frage aufzuwerfen, inwieweit die erhalten gebliebene liturgische Bibliothek tatsächlich ein Spiegelbild des liturgischen Lebens im mittelalterlichen Kloster abgibt. Wie hat man sich den Ablauf der täglichen gottesdienstlichen Übungen in einem Konvent nördlich der Alpen, etwa in Lausanne, Bern oder Freiburg, konkret vorzustellen? Keiner der Historiker, die sich bisher mit der Geschichte des Freiburger Konvents befaßt haben, verliert darüber eine einzige Zeile.

Zunächst spielt sicherlich die Größe des Konvents eine Rolle, ob überhaupt und in welchem Rahmen der gemeinsame feierliche Gottesdienst gepflegt werden kann. Statistisches Material zum Freiburger Konvent fand ich nirgends mitgeteilt. Einzig im Jahre 1471 ist die Zahl von acht Prie-ster-Brüdern bekannt[11]. Es wird wohl niemand von den 66 Sitzen, aus denen das um 1305 gebaute Chorgestühl besteht, auf die Anzahl Kloster-brüder schließen wollen. Dieses dürfte in dieser Größe für ein in Freiburg abzuhaltendes Kapitel der oberdeutschen Minoritenprovinz hergerichtet worden sein.

Entscheidend für die Beurteilung der liturgischen Realität ist aber vielmehr der Stellenwert, den die Liturgie in einem Orden oder in einem einzelnen Kloster einnimmt. Daß man diesbezüglich die Bettelorden nicht mit dem Anspruch der klassischen Orden benediktinischer Tradition messen darf, die den Gottesdienst ins Zentrum ihres Lebens stellten, ist allgemein bekannt. Man nimmt jedoch an, daß auch in einem Franziskanerkloster, selbst wenn dort nur wenige Brüder angesiedelt waren, täglich Chorgebet und Messe in Gemeinschaft gefeiert wurden. Wie feierlich es dabei zu- und hergegangen ist, darüber berichten anscheinend keine direkten Quellen.

Es ist deshalb unumgänglich, einen Blick zu werfen auf die allgemeine Entwicklung der liturgischen Leitideen im Franziskanerorden. Als sich Franz von Assisi um 1205 mit einigen Gleichgesinnten zurückzog, um ein Leben nach den Evangelischen Räten und «nach dem Vorbild der Väter» zu

---

10 Nicolas Raedlé, *Le couvent des RR. PP. Cordeliers de Fribourg*, in: *Revue de la Suisse catholique* 13ff. (1882ff.), Sonderdruck (1882), S. 171ff. Bernard Fleury, *Le couvent des Cordeliers de Fribourg au Moyen-âge*, in: *ZSKG* 15 (1921), S. 21. Vgl. auch Gabriel Zwick, *La vie intellectuelle et artistique*, in: *Fribourg–Freiburg*, Fribourg 1957, S. 358–395, hier S. 366f.

11 Fleury, *Le couvent*, S. 54.

führen, dachte er nicht daran, einen Orden zu gründen. Ebenso wenig konnte der «Aussteiger» voraussehen, welch gewaltiges Echo und welche Nachahmung seine Bewegung auslösen würde. Mit der gelebten Armut und mit der inneren Organisation, die dem in feudalen Strukturen gewachsenen klassischen Mönchtum den genossenschaftlichen Charakter des städtischen Bürgertums entgegenstellte, lag Franz von Assisi jedoch im Trend seiner Zeit. Unter den Brüdern einer Minoritenniederlassung duldete er deshalb zunächst keinen Unterschied zwischen Klerikern und Konversen; nur die Unterscheidung zwischen «litterati» und «illitterati» ließ er gelten. Einzig die Qualität von Frömmigkeit und Bildung war für das Gesicht dieses neuen Ordens der «Fraternitas» maßgebend.

Angesichts der rasanten Entwicklung des Ordens – innerhalb weniger Jahre schlossen sich Tausende der Bewegung an – kam der Gründer nicht darum herum, der Gemeinschaft Regeln für das Zusammenleben und Strukturen ihrer Organisation zu verleihen. Zwei Ordensregeln sind in der Überlieferung erhalten geblieben: die an Pfingsten 1221 festgelegte sogenannte «Regula non bullata»[12], die weitgehend vom Gedankengut des Ordensstifters geprägt ist, und die «Regula bullata»[13] vom 29. November 1223, die nach dem Urteil der besten Kenner in der lebhaften Regula-Diskussion deutliche Spuren der Überarbeitung durch Juristen und Theologen der päpstlichen Kurie aufweist[14].

Die Bestimmungen über das Feiern der Liturgie sind in der Franziskusregel nicht sehr ausführlich, aber klar genug, daß man sich über die Grundlagen ein Bild machen kann. Die Kargheit der Ausführungen hat keinesfalls zu bedeuten, Franz von Assisi habe sich nicht für Liturgie interessiert. Er hielt sich einfach an das, was in der lateinischen Kirche, und speziell am Ort seiner Niederlassung, üblich war. Für ihn war es selbstverständlich, daß jene Brüder, deren Bildungsstand es erlaubte, das Stundengebet nach altem kirchlichem Brauch verrichteten. In der «Regula non bullata» heißt das so: «Omnes fratres, sive clerici, sive laici, faciant divinum officium», und genauer: «clerici faciant officium ... secundum consuetudinem clericorum ... Laici dicant Credo et viginti quattuor Pater noster»[15]. Das heißt

12 RegNB, ed. Kajetan Esser, *Die opuscula des hl. Franziskus von Assisi. Neue textkritische Edition*, in: *Spicilegium Bonaventurianum* 13 (1976), S. 377–402.

13 RegB, ed. Esser, *Opuscula*, S. 366–371.

14 Vgl. Stephen J. P. van Dijk, *Ursprung und Inhalt der franziskanischen Liturgie des 13. Jahrhunderts*, in: *Franziskanische Studien* 51 (1969), S. 86–116, 192–217, hier S. 108ff.

15 RegNB, cap. III.

ganz klar, die Laienbrüder, gemeint sind die «illitterati», sollen so beten,
wie sie es von Kindheit an gelernt haben. Aber auch sie sind gehalten, sich
nach den kirchlichen Tagzeiten zu richten. Ein genaues Reglement der
Zeiteinteilung beim Stundengebet findet sich in der von Franziskus gege-
benen Regel für Brüder in den Einsiedeleien[16].

Über die genaue Form des Offiziums für Kleriker erfahren wir aus der
Regel von 1221 nichts, wohl aber in der «Regula bullata» von 1223, wo es
heißt: «Clerici faciant divinum officium secundum ordinem sanctae Roma-
nae Ecclesiae»[17]. Genauer ist damit die Liturgie des päpstlichen Hofes
gemeint.

Wie kam der Franziskusorden dazu? Durch römisches Diktat? Nicht so
kraß, aber in dieser Richtung sehen es manche Verfechter der These, die
Franziskusregel in der gekürzten Fassung der «Regula bullata» sei ein Produkt der Römischen Kurie. Die historischen Gegebenheiten um 1200 weisen einen anderen Weg.

Auf dem Bischofsstuhl von Assisi saß zu Beginn des 13. Jahrhunderts
mit Guido ein Getreuer von Papst Innozenz III.; er führte an seiner Kathedrale das Kurialoffizium ein, als Zeichen der politischen und kirchlichen
Unterwerfung. Wenn Franziskus und seine Minderen Brüder nach vielfach
geübtem Brauch anderer Orden die Lokalliturgie übernahmen, so war dies
folgerichtig die Liturgie der Römischen Kirche, die unter Papst Honorius
III. in Form eines «Breviarium notatum et continuum» und eines «Missale
notatum et continuum» neu festgelegt worden war[18]. Im Konvent von
Assisi kam es in den zwanziger-Jahren des 13. Jahrhunderts zur Einrich-
tung eines Skriptoriums, in dem nach römischem Muster die Prototypen
der franziskanischen Liturgie und entsprechende Kopien hergestellt wurden. Um solche Bücher muß es sich gehandelt haben, die am Generalkapitel von 1230 an die Provinzen des Ordens verteilt wurden[19].

Halten wir uns einmal vor Augen, wie diese Bücher ausgesehen haben.
Das Missale war von handlichem Quartformat, das Brevier jedoch glich
eher einem Chorbuch. Die Schrift aber war für ein Chorbuch viel zu klein,
und, schlimmer, die Musik war in beneventanischen Noten notiert und
konnte nur von Klerikern gelesen werden, die den Choral in Mittelitalien

---

16 Ed. Esser, *Opuscula* (wie Anm. 12), S. 409f.
17 RegB, cap. III.
18 van Dijk, *Ursprung* (wie Anm. 14), S. 102.
19 Stephen J. P. van Dijk, *The Origins of the modern Roman Liturgy*, Leiden 1960,
    S. 213ff.

studiert hatten. Der Franziskanerorden aber hatte bereits in zwanzig Provinzen ganz Europas Fuß gefaßt; was sollte ein Minorit nördlich der Alpen damit anfangen? Der weit von Rom entfernte Benützer hatte auch wenig Chancen, das Rubrikensystem zu durchschauen, das nur für «Insider» der römischen Kurie begreiflich war.

So erstaunt es nicht, daß im Orden nicht nur an der Regel von 1223, sondern auch an den liturgischen Büchern Kritik laut wurde. Wenn die Kleriker des Ordens – nach kanonischrechtlichem Verständnis der «Regula bullata» auch die ungebildeten – tatsächlich zum Offizium nach Römischem Brauch verpflichtet werden sollten, so mußten sie bessere Bücher und bessere Anleitungen zum Gebrauch dieser Bücher erhalten.

Gelöst wurde diese Aufgabe vom Engländer Haymo von Faversham, Magister der Theologie, von 1240 bis zu seinem Tod im Jahre 1244 vierter Generalminister des Franziskanerordens und – nach dem Urteil von Stephen van Dijk – viel mehr als Bonaventura der zweite Gründer des Ordens[20]. Haymo reformierte Brevier und Missale, indem er das Rubrikensystem verbesserte, das heißt sogenannte Ordinarien schuf. Auf Grund dieser Arbeiten war es schließlich möglich, neue Musterbücher herzustellen, die dem Orden um 1260 zur Verfügung standen[21].

Inzwischen hatten sich aber auch die Schreibgewohnheiten in den römisch-kurialen Skriptorien grundlegend gewandelt. In der Generation von etwa 1230–1260 machte sich dort der mächtige Einfluß zweier Bildungszentren bemerkbar: zum einen Paris mit seiner Universität und den Sängerschulen von Notre-Dame und der Sainte-Chapelle, wo ein neuartiges Notationssystem, die Quadratnotation, zum Durchbruch kam, zum anderen Bologna mit seinen Schreibateliers, in denen die «littera electior», besser bekannt als «littera bononiensis», Furore machte. Beide Errungenschaften waren für Mittelitalien damals etwas völlig Neues und symbolisierten in eklatanter Weise – schon damals – den Gegensatz zwischen Nord und Süd[22].

Diese Neuerungen kamen nun auch bei der Gestaltung der franziskanischen Musterbücher um 1250/60 zum Zuge, nicht nur wegen der Nachahmung kurialer Gewohnheiten, sondern auch wegen direkter Einfluß-

---

20 van Dijk, *The Origins* (wie Anm. 19), S. 280ff.
21 Stephen J. P. van Dijk, *Sources of the modern Roman Liturgy. The Ordinals by Haymo of Faversham and related documents (1243–1307)*, 2 Bde, Leiden 1963.
22 van Dijk, *The Origins* (wie Anm. 19), S. 329ff.; van Dijk, *Sources* (wie Anm. 21), Bd. 1, S. 110ff.

nahme durch Minderbrüder aus dem Norden, etwa eines Julian von
Speyer, der als Chormeister in Paris gewirkt hatte und als Verfasser der
Reimoffizien für Franz von Assisi und Antonius von Padua in die Ordens-
geschichte eingegangen ist[23].

Die neue Gestalt der franziskanischen Bücher tritt uns nun auch in den
ältesten Codices der Freiburger Franziskanerbibliothek entgegen, vorab im
Graduale Codex 9 (Abb. 2) und im Antiphonar Codex 2. Sie sind beide um
1300 entstanden, wie bereits gesagt, wohl nicht in Freiburg, nicht beide in
der gleichen Werkstatt. Am nächsten liegt die Annahme, sie seien aus
einem Kloster der oberdeutschen Provinz, zu der Freiburg gehörte, nach
Freiburg gebracht worden, vielleicht aus Straßburg.

Im Graduale Codex 9 beklagen wir den Verlust der ersten Lage und mit
ihr der Generalrubrik, die sich seit etwa 1250 am Anfang des Franziskaner-
graduales befand: «Ista rubrica ponatur in prima pagina Gradualium sin-
gulorum»[24]. Darin wird eindringlich festgehalten, wie beim Abschreiben
von Chorbüchern vorzugehen sei, daß die Quadratnotation zu gebrauchen
sei und daß am überlieferten Text nichts verändert, nichts weggelassen und
hinzugefügt werden dürfe.

Ist es ein Zufall, daß in einem zweiten Graduale unserer Bibliothek,
Codex 3 (Abb. 3), zu datieren an den Anfang des 14. Jahrhunderts, ausgerechnet fol. 2 mit eben diesem Prolog ebenfalls verlorengegangen ist? Dies
ist umso bedauerlicher, als in nur wenigen franziskanischen Gradualien
diese Rubrik überliefert ist; und nur ein einziger, aus Italien stammender
Codex, ist älter als unsere beiden Freiburger Handschriften. Das Beispiel
mag nun auch illustrieren, welchen Stellenwert die ältesten Freiburger
Manuskripte innerhalb der franziskanischen Überlieferung einnehmen. Sie
gehören zu den ältesten authentischen Zeugnissen der gelebten Franziska-
nerliturgie nördlich der Alpen. Diese Feststellung bezieht sich ebenso auf
das Antiphonar Codex 2, das in den Ausgaben und Studien über das
Reimoffizium der heiligen Franziskus und Antonius regelmäßig unter den
Standardquellen figuriert. Selbst in der Enzyklopädie «Die Musik in
Geschichte und Gegenwart» wird die Handschrift mit einer Abbildung
präsentiert[25]. Zu dieser Gruppe erstrangiger Dokumente ist auch das statt-

---

23 Hilarin Felder, *Die liturgischen Reimofficien auf die heiligen Franciscus und
   Antonius, gedichtet und componiert durch Fr. Julian von Speier*, Freiburg 1901.
24 van Dijk, *Sources* (wie Anm. 21), Bd. 2, S. 361f.
25 *Die Musik in Geschichte und Gegenwart* 4 (1955), Taf. 34 vor col. 833.

liche Brevier Codex 142 (Abb. 4) zu zählen, entstanden im frühen 14. Jahrhundert vielleicht in einem nordfranzösischen Konvent.

Die restlichen drei Codices der liturgischen Bibliothek sind alle im 15. Jahrhundert entstanden: der Psalter Codex 1, das Brevier Codex 86, nur sehr fragmentarisch erhalten, aber mit einem 1467 datierten Einband von Rolet Stoß versehen, zuletzt das Diurnale Codex 6 (Abb. 5), das als einziges liturgisches Manuskript der Franziskanerbibliothek mit Datum und Kolophon versehen ist: «Anno dni. M° CCCC° LXXXVIII° comparatus est iste liber per venerabilem fratrem Ru°dolfum Stos de ordine minorum fratrum. Scriptus vero per fratrem Heinricum Kurcz eiusdem ordinis.»

Dieses 1488 fertiggestellte Spezialantiphonar hat bisher vor allem die Aufmerksamkeit der Kunsthistoriker auf sich gezogen, weil es mit einer Reihe von Zierinitialen ausgestattet ist, die heute dem Meister des Silenen-Breviers zugeschrieben werden. Bekanntlich war dieser anonyme Miniaturist um 1485/90 in Bern mit der Ausschmückung des großen Antiphonars für St. Vinzenz beschäftigt. Es liegt deshalb nahe, daß unser Diurnale im Berner Konvent geschrieben wurde, was auch seine Entsprechung im Kolophon findet: «Comparatus est». Bernard Fleury führt zwar den Schreiber Heinrich Kurz als Konventualen des Freiburger Klosters auf, gibt aber, nebst dem Codex 6, keinen Beleg für seine Behauptung[26]. Wenn dem so wäre, machte die Aussage «comparatus est» keinen Sinn, es sei denn, man übersetze dies mit «wurde in Auftrag gegeben». Sicher scheint mir indes, daß der Codex für das Freiburger Kloster geschrieben wurde, findet sich doch darin eine deutliche Hervorhebung der beiden Kreuzfeste.

Es wäre hier wohl auch der Platz, auf die künstlerische Bedeutung der liturgischen Handschriften einzugehen. Sensationelles darf nicht erwartet werden; das hätte dem Armutsideal widersprochen. Das hinderte aber den Orden nicht daran, auf die Herstellung der liturgischen Bücher größte Sorgfalt zu verwenden, was sich auch in unseren Manuskripten feststellen läßt. So müßte insbesondere auf die Filigrankunst des Antiphonars Codex 2, des Graduales Codex 3 und des Breviers Codex 142 hingewiesen werden. In diesem Zusammenhang erstaunt es, daß Ellen Beer, die sich intensiv mit der Initialornamentik am Oberrhein um 1300 befaßt hat, kein einziges

---

26 Bernard Fleury, *Catalogue des religieux du couvent des Cordeliers de Fribourg (1256–1905)*, in: *Archives de la Société d'histoire du canton de Fribourg* 8 (1907), S. 322.

Franziskanermanuskript näher untersucht hat[27]. Vielleicht wird sich auch einmal ein Kunsthistoriker die Mühe nehmen, die paar Miniaturen im Graduale Codex 9 (Abb. 2) näher zu betrachten.

Noch immer bin ich die Antwort schuldig geblieben auf die Frage, inwieweit diese liturgische Bibliothek ein Spiegelbild gelebter Liturgie abgeben kann. Ließ sich damit der Gottesdienst feiern, wie es Regel und Tradition forderten? In bezug auf das Stundengebet können wir feststellen, daß mit Antiphonar, Psalter und Brevier immerhin die wichtigsten Bücher vorhanden waren; andererseits weist das Register empfindliche Lücken auf: Ein Lektionar fehlt ebenso wie ein Kollektar, das Buch für den Hebdomadar. Keine Spur auch von einem «Datarium», gemeint ist das Martyrolog/Anniversar, das laut Kapitelsbeschluß von 1266 in jedem Konvent vorhanden sein mußte[28].

Vollends ungenügend ist aber diese Bibliothek für die Feier der Messe ausgestattet, denn allein mit den beiden vorhandenen Gradualien ließ sich mit dem besten Willen kein Staat machen. Seit dem 12./13. Jahrhundert war ein vollständiges Spiel der verschiedenen Spezialbücher für die Meßfeier nicht mehr unbedingt erforderlich, umso mehr aber das integrierte Gesamtliturgiebuch, das Missale. Die urkundlichen Belege von Altar- und Meßstiftungen durch Privatpersonen und Körperschaften – es werden auch ausdrücklich gesungene Messen und feierliches Amt mit Diakon und Subdiakon erwähnt – sind im 14. und 15. Jahrhundert zahlreich genug für die zwingende Annahme, daß im Franziskanerkloster Freiburg damals nicht nur mindestens ein, sondern mehrere Missalien vorhanden waren[29].

Von einer lückenlosen Überlieferung der mittelalterlichen Bibliothek kann deshalb nicht die Rede sein, auch da gibt es keinen Sonderfall Freiburg. Hinweise auf Verluste finden sich bei Meinrad Meyer, der sagt, in der Sonderbundszeit hätten die Konventualen selbst, wie in anderen Freiburger Klöstern auch, wertvolle Bücher an Ausländer verkauft[30]. Ferner haben wir uns zu vergegenwärtigen, daß solchen Dokumenten nicht immer die Wertschätzung zuteil geworden ist, wie wir es heute gewohnt sind, daß

---

27 Ellen J. Beer, *Beiträge zur oberrheinischen Buchmalerei in der ersten Hälfte des 14. Jahrhunderts unter besonderer Berücksichtigung der Initialornamentik*, Basel/Stuttgart 1959.

28 van Dijk, *Sources* (wie Anm. 21), Bd. 2, S. 439 § 1.

29 Fleury, *Le couvent* (wie Anm. 10), S. 28ff., 41f., 52ff.

30 Meinrad Meyer, *Notice historique sur la Bibliothèque cantonale de Fribourg*, in: *Archives de la Société d'histoire du canton de Fribourg* 2 (1858), S. 205–241, hier S. 236.

vorab Missalien, die seit dem späten 15. Jahrhundert durch Druckschriften ersetzt wurden, aus dem Verkehr gezogen und zu Buchbinder-Makulatur verarbeitet wurden. Das war damals ein ganz normaler Vorgang.

Der gängigen Norm entsprechend hat man sich auch das Zeremoniell von Stundengebet und Meßfeier vorzustellen. In Analogie zum Bilde der liturgischen Bücher, das wir soeben aus den Bestimmungen der Ordens-verfassung und ihrem Umfeld gewonnen haben, könnten wir beim Durch-forsten von Haymos Zeremoniale[31] und der Kapitelsbeschlüsse[32] eine Menge von Erkenntnissen herausarbeiten[33]. Es soll niemand behaupten, diese seien in Freiburg unbekannt gewesen; sie finden sich nämlich in Codex 106 aus dem 13./14. Jahrhundert, mit dem ich meine Ausführungen beschließen will. Diese Sammlung von verschiedenen Dokumenten der Ordensgeschichte ist zwar keine liturgische Handschrift und figuriert des-halb auch nicht im «Iter Helveticum», ist aber zum Thema Liturgie von größter Wichtigkeit und wurde auch von van Dijk in seinen Texteditionen berücksichtigt[34]. Die Reglemente dieser Handschrift, zusammen gesehen mit der erhalten gebliebenen liturgischen Bibliothek, geben uns zwar kein vollständiges Bild, aber doch die Konturen eines Bildes, wie die Franziska-ner im Mittelalter Gottesdienst gefeiert haben. Jedenfalls gibt es keinen Grund zur Annahme, der Freiburger Konvent hätte es mit der Liturgie anders gehalten als die übrigen Klöster.

---

31 Ed. van Dijk, *Sources* (wie Anm. 21), Bd. 2, S. 335–358.
32 Ed. van Dijk, *Sources*, Bd. 2, S. 411–451.
33 Vgl. Arsène Le Carou, *L'office divin chez les frères mineurs au XIIIe siècle*, Paris 1928.
34 Eine Beschreibung von Cod. 106 findet sich bei Mosberger, *Katalog*, S. 157–166.

Die «Defensor Pacis»-Handschrift (Codex 28) der Freiburger Franziskanerbibliothek

Restaurierung und bucharchäologische Aspekte

von Otho Raymann

Die «Defensor Pacis»-Handschrift und die Bibliothek Ambergs

Unter den 18 Codices, die mit Sicherheit zum Bestand der Büchersammlung Friedrichs von Amberg († 1432 in Freiburg)[1] gehören, befindet sich auch ein Exemplar des berühmten kirchenpolitischen Traktates «Defensor Pacis» des Marsilius von Padua († 1343 in München)[2]. Die aufrührerischen Ideen dieser Schrift erhielten im Zusammenhang mit den machtpolitischen Auseinandersetzungen zwischen Johannes XXII. und Ludwig dem Bayern auch für die Franziskaner eine besondere Bedeutung, hat doch zur gleichen Zeit der sogenannte Armutsstreit den ganzen Orden erschüttert und das Verhältnis zwischen ihm und dem Papst aufs äußerste strapaziert. Der Streit wurde bekanntlich ausgelöst durch die Behauptung der Franziskaner, es sei eine katholische und mit der Kirche vollkommen übereinstimmende Aussage, daß Christus und die Apostel in einer persönlichen und gemeinschaftlichen absoluten Armut gelebt hätten. Für den Orden bedeutete das Aufrechthalten dieser Überzeugung folgerichtig ein Festhalten an der Eigentumslosigkeit «in communi». Papst Johannes XXII. warf den Franziskanern Überheblichkeit vor, bezichtigte ihre Armutspraxis der Heuchelei und verurteilte ihre Auffassung von der totalen Armut Christi und seiner Jünger durch die apostolische Konstitution «Cum inter nonnullos» im Jahr 1323 als häretisch. Die Folge davon war ein Zerwürfnis mit dem Orden. Ludwig der Bayer nahm die Franziskaner, aus welchen Gründen auch immer, unter seinen persönlichen Schutz, und der General des

---

1 Zur Person Ambergs vgl. *Helvetia Sacra* V/1, S. 67–69, 161.
2 Johannes Haller, *Zur Lebensgeschichte des Marsilius von Padua*, in: *Zs. für Kirchengeschichte* 48 (1929), S. 166–199.

Ordens, Michael von Cesena († 1342), wechselte ins Lager des deutschen Kaisers[3].

Die demokratischen Grundgedanken, wie sie im «Defensor Pacis» radikal dargelegt werden mit ihren Auswirkungen unter anderem auch auf das Verhältnis zwischen der hierarchischen Struktur der Kirche mit dem Papst an der Spitze und der Basis mit ihren berechtigten Forderungen, sind den Franziskanern im Kampf um ihr Selbstverständnis entgegengekommen und haben in der zweiten Hälfte des 14. Jahrhunderts zur Zeit des großen abendländischen Schismas, also zu Lebzeiten Ambergs, wieder an Aktualität gewonnen und mögen bei der Abwägung, sich für die avignonesische oder römische Obödienz oder für die konziliare Richtung zu entscheiden, eine nicht unwesentliche Rolle gespielt haben. Friedrich von Amberg, übrigens ein Anhänger Cesenas und Verfechter von dessen Haltung, als Provinzial anfänglich der avignonesischen Obödienz verpflichtet, hat später seine Sympathie für die konziliare Richtung offen an den Tag gelegt. Christoph Jörg hat in seiner Dissertation «Untersuchungen zur Büchersammlung Friedrichs von Amberg», der ersten und bis heute einzigen größeren Arbeit über Amberg und seine Bibliothek, die Bedeutung der Präsenz des «Defensor Pacis» in der privaten, theologisch-philosophisch und ordensgeschichtlich ausgerichteten Bibliothek Ambergs klar herausgestellt[4]. Der Codex befand sich schon damals nicht in bestem Zustand, wie die codicologische Beschreibung Jörgs erkennen läßt. Seither waren weitere Gebrauchsschäden eingetreten. So war der Hinterdeckel vom Buchblock abgefallen, und einige Bünde waren durchgebrochen. Deshalb wurde der Entschluß gefaßt, den Band zu restaurieren, um ihn so wieder gefahrlos einer Konsultation zuführen zu können, ein Entscheid, der nach reiflicher Überlegung gefällt worden ist, auch im Hinblick darauf, den eigentümlichen Charakter der Handschrift und somit der ganzen Sammlung durch einen solchen Eingriff nicht zu beeinträchtigen (Abb. 6).

Die Entscheidung für oder gegen eine Restaurierung hat immer von der Frage der Notwendigkeit eines solchen Schrittes auszugehen, denn selbst der gewissenhafteste Eingriff an einem so wertvollen Objekt kann nicht garantieren, daß der Originalzustand unverändert bleibt. Geschieht dies zudem ohne genügende wissenschaftliche und technische und auch restaurationsethische Absicherung, wird es unweigerlich zum definitiven Verlust

---

3 Zur Frage des Armutsstreites vgl. Heribert Holzapfel, *Handbuch der Geschichte des Franziskanerordens*, Freiburg i. Br. 1909, S. 66–80.

4 Jörg, *Untersuchungen*, S. 45–48.

bucharchäologischer Zeugen führen, wie folgendes Beispiel kurz illustrieren soll:

In der Badischen Landesbibliothek Karlsruhe sind zwischen 1967 und 1978 von 21 durch Auslagerung vor der Zerstörung des Zweiten Weltkriegs geretteten, noch im Originalzustand erhalten gebliebenen karolingischen Handschriften aus der Reichenau, 19 zum Teil so total restauriert worden, daß dem Forscher von heute keine Möglichkeit mehr gegeben ist, die ursprüngliche Bindetechnik dieser äußerst seltenen und wichtigen Zeugen im Detail einzusehen, zumal ein heute zu Recht geforderter Restaurationsbericht in keinem der Fälle vorliegt[5].

Dieser bedauerliche Vorfall zeigt, daß nicht genug betont werden kann, daß der historische Codex nicht ausschließlich nur vom Inhalt her betrachtet werden darf, das heißt nicht nur der philologische Standpunkt ist für die Konservierung maßgebend, sondern auch der bucharchäologische, mit anderen Worten: der Codex als archäologischer Informationsträger muß ebenso berücksichtigt werden.

Die 18 Handschriften der Sammlung, angesiedelt zwischen 1389 und 1432, dem Todesjahr Ambergs, bilden in der Bibliothek des Franziskanerklosters, wie die regelmäßig angebrachten Besitzvermerke Ambergs zeigen, die erste greifbare, nach Plan angelegte Büchersammlung, was für die Geschichte der Klosterbibliothek und für die Erforschung des geistigen Umfeldes des Franziskanerklosters im Mittelalter von größter Bedeutung ist. Diese Tatsache wird auch durch eine einheitliche Bindetechnik der meisten Bände der Sammlung klar dokumentiert. Schon Jörg hat auf die Verwandtschaft einiger dieser Bände vom rein Optischen her hingewiesen[6].

Wie und zu welchem Zeitpunkt Amberg die «Defensor Pacis»-Handschrift erworben hat, läßt sich nicht feststellen. Vermutlich hat er sie in Freiburg einbinden lassen. Im Innenfalz jeder Lage, dort wo der Bindfaden zu liegen kommt, ist ein Pergamentstreifen als Verstärkung angebracht, der das Einschneiden der Schnur verhindern soll. In manchen Fällen wurden aber so spätere Schäden vorprogrammiert, da die scharfkantigen Pergamentfälze durch das ständige Umschlagen der Blätter mit der Zeit das weichere Papier zerschnitten. In Codex 20, auch aus der Sammlung Ambergs, wurde das Problem besser gelöst, da das äußere und innere Doppelblatt jeder Lage ganz aus Pergament besteht. Genannte Pergamentfälze, vielfach

---

5 Jan Alexander Szirmai, *Zur Zerstörung alter Einbände – ein Appell*, in: *Restauro* 3 (1990), S. 171–172.
6 Vgl. die äußere Beschreibung der Codices in Jörg, *Katalog*.

Makulaturmaterial aus alten Urkunden und Handschriften, die in die Buchbindereien gewandert sind, geben dem Forscher oft die Möglichkeit, den Einband zeitlich und örtlich einzugrenzen. So kommt in den Falzverstärkungen des «Defensor Pacis» der Name «snewelin schultheiss(en) zo friburg» vor, was eher auf die Stadt Freiburg im Breisgau hindeutet, und es ist die Rede von einem «tobel bei interlacien». Auf dem hinteren Vorsatz trug Amberg eigenhändig einen Besitzvermerk ein: «Liber magistri friderici ordinis minorum» (Abb. 7).

Kurze Beschreibung der Handschrift

Es geht im folgenden darum, ausgehend von der Restaurierung der Handschrift, zum einen auf bestimmte gemeinsame archäologische Merkmale der Büchersammlung Ambergs hinzuweisen, die für die weitere Forschung nützlich sein können, und zum andern zu zeigen, daß jede zukünftige Restaurierung oder Konservierung der übrigen Bände der Sammlung die Erkenntnisse und die Resultate der Arbeiten am «Defensor Pacis» zu berücksichtigen hat.

Vorausgehend muß darauf hingewiesen werden, daß von den 18 Bänden um 1900 und in den vierziger Jahren vier neu eingebunden wurden. Dadurch sind praktisch alle archäologischen Spuren vernichtet worden, was besonders für Codex 60 bedauerlich ist, der erst nach 1419 eingebunden worden sein dürfte, wie ein Colophon von Ambergs Hand zu bestätigen scheint[7]. Es hätte sich somit sehr wahrscheinlich um den jüngsten Einband der Sammlung gehandelt. Er hätte uns vielleicht Wertvolles mitteilen können über die Entwicklung der Einbandtechnik innerhalb der Sammlung. Leider existiert auch in der Literatur keine Beschreibung des Originaleinbandes. Schon 1902 weist Paul Sabatier auf die «reliure récente» des Codex hin[8]. Ferner ist eine Verifikation bei vier anderen Bänden ohne ein Zerlegen des Einbandes nicht möglich.

Beim «Defensor Pacis» handelt es sich um eine Papierhandschrift in der Art eines Kettenbandes im Format 285 x 210 mm, bestehend aus 14 Lagen, meistens Sexternionen, auf vier erhabene Doppelbünde geheftet. Die Holzdeckel des Einbandes sind außen an den Kanten bis auf die Hälfte

---

7 Cod. 60, fol. VIIIv: Explicit MCCCC 19°, novembris 3ᵃ.

8 Paul Sabatier, *Actus Beati Francisci et sociorum eius*, in: *Collections d'études et de documents*, tome VI, Paris 1902, S. LVI.

ihrer Dicke abgeschrägt und waren vor der Restaurierung mit weichem, stark abgegriffenem, zum Teil zerstörtem, weißgegerbtem Schafleder überzogen. Zusammen mit Codex 107 wies er auf beiden Deckeln eine bescheidene Dekoration auf, eine schwach erkennbare Streicheisenverzierung, die auf dem Hinterdeckel übrigens unproportional versetzt war. Eine horizontale Streifenspur auf dem Vorderdeckel dürfte eher von einem Lederriemen gestammt haben, der als eine Art Gurtverschluß, nach dem Verlust der Schließen, den Band zusammenhielt. Von den beiden Schließen, die, wie bei allen Stücken der Sammlung, die noch im Originalzustand sind, vom Vorder- auf den Hinterdeckel übergreifen, war nichts mehr vorhanden als die beiden Deckplättchen mit Fragmentansätzen der abgerissenen Schließen und die Dorne auf dem Hinterdeckel. Diese Art, die Schließen anzubringen, ist dem französischen und englischen Kulturraum eigen.

Die Bibliotheca secreta et publica

Mit dieser Art, die Schließen anzubringen, hängt die Aufbewahrung der mittelalterlichen Bücher zusammen, welche auf Pulten liegend, mit dem hinteren Deckel nach oben, wo auch das Titelschild angebracht war, aufbewahrt wurden. Logischerweise kam so der Haken für die Kette, womit das Buch am Pult befestigt werden konnte, an eine der Kanten des vorderen Deckels zu stehen. Kettenbände einer mittelalterlichen Bibliothek weisen immer auf deren öffentliche Benützung hin. Es ist bekannt, daß die größeren und bedeutenderen Klöster, namentlich auch des Franziskanerordens, denen ein Studium angegliedert war, zwei Bibliotheken besaßen, eine «secreta» und eine «publica», wie neuere Forschungen über die Bibliotheken von Assisi und Padua belegen[9]. Die «bibliotheca secreta» diente der Klostergemeinschaft zum Selbststudium. Ihre Bücher wurden in Schränken aufbewahrt ohne besondere Sicherung, während jene der «bibliotheca publica» auf Pulten ausgelegt und aus Sicherheitsgründen angekettet waren und den außenstehenden Gelehrten und Gebildeten zur Verfügung standen. Da nun sämtliche Bände der Ambergschen Sammlung Kettenbände

---

9 Giuseppe Abate, Giovanni Luisetto, *Codici e Manoscritti della Biblioteca Antoniana* (Fonti e Studi per la storia del Santo a Padova. Fonti 1), Vicenza 1975, S. XVII–XVIII. Lorenzo Di Fonzo, OFMConv., *Iconologia, arte e luce nella Basilica di S. Francesco. Biblioteca e Archivio del Sacro Convento di Assisi*, in: *Miscellanea Francescana* 92 (1992) I–II, S. 236–256 (La Storia «Bibliotheca Sacri Conventus»).

waren, kann vielleicht daraus geschlossen werden, daß das Franziskanerkloster Freiburg eine «bibliotheca publica» besaß, dies auch im Zusammenhang mit einer eventuellen Lehrtätigkeit Ambergs, der sich in mehreren Besitzvermerken als «sacre theologie professor» bezeichnet (Codd. 62,
63, 66). Vorausgesetzt, das Franziskanerkloster habe im Mittelalter tatsächlich die wichtige Rolle eines geistigen Zentrums für die Stadt gespielt, so
kann die Existenz einer öffentlichen Bibliothek wohl mit guten Gründen
angenommen werden.

Daß die Bände der Sammlung Ambergs nicht ausschließlich nur nach
seinem Tod der öffentlichen Bibliothek einverleibt wurden, beweist Codex
107. Üblicherweise wurde die Verankerung des Hakens an der Innenseite
des Buchdeckels mit einem Stück Leder oder Pergament abgedeckt, damit
die ersten Seiten des Buchblocks nicht beschädigt werden konnten. In
Codex 107 wird der Namenszug Ambergs durch die Lederabdeckung
kaschiert, da die Perforierung des Hakens mitten durch den Besitzvermerk
geht. Amberg hat dann nachträglich auf der Lederabdeckung seinen
Namen nachgezogen, was beweisen dürfte, daß der Band noch zu seinen
Lebzeiten angekettet worden ist (Abb. 8).

Bucharchäologische Besonderheiten und restauratorisches Vorgehen

Im Laufe der restauratorischen Arbeiten an der «Defensor Pacis»-Hand-
schrift seit 1989 in der Werkstatt für Buchrestaurierung des Franziskanerklosters Freiburg sind einige bemerkenswerte bucharchäologische Beson-
derheiten zum Vorschein gekommen, wovon im folgenden die Rede sein
soll.

Als erstes fiel auf, daß die Pergamenthinterklebungen am Rücken, auf
den freien Feldern zwischen den Bünden angebracht, auf die *Außenseite* der
Buchbretter herübergezogen und dort festgeklebt sind. Diese Technik
konnte ich bei zehn Bänden der Sammlung eindeutig identifizieren. Das
Aufkleben auf der Außenseite wurde später, wohl wegen ungenügender
Stabilität, fallen gelassen, wie ein Vergleich mit den 31 Handschriften der
Bibliothek von Jean Joly († 1510 in Freiburg)[10] bestätigt. Die weitaus
größte Zahl dieser Bände weist überhaupt keine Hinterklebungen auf, oder
solche, die nur die Breite des Rückens einnehmen, ohne auf die Bretter
überzugreifen. Bei zwei Bänden der Joly-Sammlung besteht die Rückenver-

---

10 Zur Person Jolys vgl. *Helvetia Sacra* V/1, S. 164.

stärkung aus einem durchgehenden Pergamentblatt, das auf der Innenseite des Vorderdeckels das Spiegelblatt bildet, über den Rücken läuft und als Spiegelblatt des Hinterdeckels endet[11]. Vereinzelt taucht dann später die stabilere Verklebung auf der Innenseite der Bretter auf, so wie sie heute noch praktiziert wird. Interessant dürfte der Hinweis sein, daß von der Sammlung Joly sieben[12] Einbände eher zum Umfeld der Ambergschen Bibliothek zu zählen sind, während 21 aus der klostereigenen Buchbinderei stammen, die Joly als Guardian des Klosters in der zweiten Hälfte des 15. Jahrhunderts in Freiburg einrichten ließ[13].

Weitere Merkmale beziehen sich auf die Verankerungen der Bünde in den Buchdeckeln, die nach dem Ablösen der Spiegelblätter untersucht werden konnten. Über eine Kerbe an der Kante des Scharniers wird das Leder des Bundes von der Außenseite durch ein erstes Loch nach der Innenseite geführt, dort in einen Kanal verlegt und durch ein zweites Loch wieder nach außen gezogen, von innen her mit einem Holznagel verkeilt und abgeschnitten. Mit Ausnahme von Codex 51 ist diese Technik bei allen Bänden identisch. Die Bünde erscheinen in gedrehter oder flacher Form.

Beim Auflösen des Buchblocks konnte festgestellt werden, daß die provisorische Heftung der einzelnen 14 Lagen vom Buchbinder nicht aufgelöst worden ist, was bei den übrigen Bänden, die eine Falzverstärkung haben, ohne Eingriff nicht verifiziert werden kann.

Ein besonders interessantes Detail, vielleicht das auffallendste, das sich bis jetzt nirgendwo und auch nicht in der Literatur vorfinden läßt, hängt mit der Konstruktion des Kapitals zusammen. Bei sämtlichen Bänden, ausgenommen Codex 63 und jene, die einen modernen Einband haben, handelt es sich um die einfache Grundform des unechten Kapitals, wie es im Mittelalter geläufig war, das heißt: an Kopf und Fuß des Rückens wird die Heftschnur, kurz bevor sie aus dem Schnitt treten würde, durch den Rücken nach außen gezogen und, indem sie den Bindfaden des vorausgehenden Heftes aufnimmt, in die nächste Lage geführt. So entsteht eine Art Kettenstich. Ausgehend von diesem sogenannten Fitzbund wird dann mit der gleichen oder einer etwas dünneren Schnur das Kapital konstruiert. An einem gedrehten Lederstreifen (Ledereinlage), der am Kopf und am Fuß des

11 Cod. 14 und Cod. 41.
12 Codd. 22, 27, 73, 93, 131, 132, 137.
13 Abraham Horodisch, *Die Buchbinderei zu Freiburg (Schweiz) im 15. Jahrhundert*, in: *Zs. für Schweizerische Archäologie und Kunstgeschichte* 6 (1944), S. 207–243; ders., *Die Buchbinderei zu Freiburg (Schweiz) im 16. Jahrhundert*, in: *Zs. für Schweizerische Archäologie und Kunstgeschichte* 9 (1947), S. 157–180.

Rückens aufgelegt ist, wird die Kapitalschnur zunächst verknüpft, deren
frei überstehendes Ende abgeschnitten, oder am Rücken verklebt und
durch die erste Lage innen zum Fitzbund geführt, tritt dort unterhalb des-
selben, oder wie in unserem Fall durch das gleiche Loch des Heftfadens,
nach außen, geht wieder nach oben zum aufgelegten Lederstreifen, der nun
so viele Male umwickelt wird, bis ein Eintreten in die Mitte der nächsten
Lage möglich ist und so fort, bis der Lederstreifen vollständig bedeckt ist.
Dann wird die Kapitalschnur wieder verknüpft, das freistehende Ende
abgeschnitten, oder wie am Anfang am Rücken verklebt. Die beiden Enden
des Lederstreifens werden darauf, wie die Bünde, in die Buchbretter ver-
senkt und tragen so zur Stabilisierung des Einbandes bei. Soweit die allgemeine Technik der Kapitalkonstruktion (Abb. 9).

Das Besondere beim «Defensor Pacis» besteht nun darin, daß die beiden
freistehenden Enden der Kapitalschnur weder abgeschnitten noch am Rük-
ken verklebt, sondern zusammen mit den überstehenden Enden des Lederstreifens in die Buchbretter eingezogen sind. Das läßt sich bei folgenden
Codizes verifizieren: Codizes 20, 24, 26, 51, 82, 95, 139 (Abb. 10 und 11).

Bei Codex 109 ist diese Eigentümlichkeit nicht vorhanden. Es handelt
sich übrigens um ein Exemplar, das allein durch den Besitzvermerk
Ambergs als zur Sammlung gehörig ausgewiesen ist, da keine handschrift-
lichen Spuren Ambergs in Form von Bemerkungen oder Glossen zum Text
festzustellen sind. In diesem Zusammenhang müßte auch Codex 63 näher
untersucht werden, der ebenfalls einige Ungereimtheiten aufweist.

Zusammenfassung

Unter den bucharchäologischen Merkmalen der «Defensor Pacis»-Hand-
schrift, wie sie bei ihrer Restaurierung zu Tage traten und an den übrigen
Bänden der Ambergschen Sammlung auch nachzuweisen sind, sofern sie
sich im Originalzustand präsentieren oder Einblick in ihre Bindetechnik
erlauben, können folgende Gemeinsamkeiten festgestellt werden:

1. Alle Bände sind *Kettenbände.*

2. Alle Bände bis auf zwei (Codd. 63 und 139) sind in *weißgegerbtes
Schafleder* gebunden. Bei einigen Einbänden – man wird den Eindruck
nicht los – dürfte es sich nicht um abgegriffenes Leder handeln, sondern
um eine Wildlederimitation. Diese Technik ist im Mittelalter vereinzelt
anzutreffen. Dabei wird das Leder verkehrt, das heißt mit der weniger oder
unbearbeiteten Fleischseite nach außen angebracht. Das Buch bekommt so
ein samtiges Aussehen, fühlt sich flauschig an, liegt angenehmer in der

Hand und macht einen preziöseren Eindruck, ist hingegen anfälliger auf
Verschmutzung und Verletzungen als die normalerweise nach außen
gekehrte Haarseite des Lederüberzuges. Genauere Untersuchungen werden
größere Klarheit schaffen können.

3. Die Buchschließen, stets als *Langriemenschließen aus Leder* konzipiert,
ausgenommen bei Codex 20, der unter dem oberen Deckplättchen grünli-
che Stoffreste erkennen läßt, greifen vom *vorderen* auf den *hinteren* Deckel
über und sind an einem Dorn befestigt. Dementsprechend war der Haken
für die Kette am Vorderdeckel angebracht. Die Joly-Bibliothek zum Beispiel zeigt eine gemischte Technik, sieben von 31 Bänden weisen den ent-
gegengesetzten Verlauf der Schließen auf.

Es sind einige Unterschiede in der farblichen Behandlung festzustellen.
Zum weißgegerbten Einbandleder sind oft braungefärbte Schließen anzutreffen. Wenn man bedenkt, daß die Schließen zu *den* Teilen des Einbandes
gehören, die am ehesten unter dem Verschleiß zu leiden haben, ist nicht
auszuschließen, daß es sich in diesen Fällen um späteres Ersatzmaterial
handelt. Da aber auch das Gegenteil vorkommt, nämlich weiße Leder-
schließen zu braunem Einband, was eher den Eindruck einer beabsichtig-
ten dekorativen Note erweckt, ist die Frage erst zu klären, wenn genauere
Sondierungen, besonders was die Befestigungsart der Schließen betrifft,
durchgeführt sein werden.

4. Die Rückenverstärkungen aus Pergament sind stets auf der *Außenseite*
der Buchdeckel verklebt. Bei Joly verschwinden sie fast völlig.

5. Das Kapital zeigt die einfache, zierlose Grundform aus Hanfschnur,
deren Enden *zusammen mit denen des Lederstreifens in die Buchdeckel* ver-
ankert sind. Die Schnur tritt immer auf der *Höhe des Fitzbundes* aus der
Lage. Im Bestand der Joly-Sammlung gibt es zum Vergleich einige Bände,
wo die Kapitalschnur vom Fitzbund abgesetzt ist und wenig unterhalb des
Kapitals aus dem Rücken tritt.

6. Mit Ausnahme von Codex 51 folgt die Befestigung der Bünde im
Buchdeckel einem *einheitlichen Schema*.

Abschließende Bemerkungen

Eine Restaurierung hat solche bucharchäologischen Aspekte mit einzubeziehen und zu berücksichtigen. Sind die originalen Teile nicht mehr zu
verwenden, müssen sie durch neues Material ersetzt werden. Was natürlich
nicht heißt, daß offensichtliche Fehler und Unzulänglichkeiten früherer
Techniken, oder auch ungeeignete Materialien, die zur Verwendung

kamen, übernommen werden müssen. Restaurierung hat nur Sinn, wenn die mechanische Funktionstüchtigkeit des Buches gewährleistet und nicht in erster Linie ästhetischen Ansprüchen Genüge getan wird (Abb. 12).

So kann es vom restauratorisch-ethischen Standpunkt aus durchaus verantwortet werden, in genau definierten Bereichen Kompromisse einzugehen, um dem Postulat der Funktionstüchtigkeit nachzukommen. Bei unserer Handschrift ist aus diesem Grunde das von der Qualität her nicht eben widerstandsfähige Einbandleder aus Schaffell durch das stabilere und resistentere Ziegenleder ersetzt worden. Ebenso sind die Rückenverstärkungen auf der Innenseite der Deckel verklebt worden, was die Verbindung zwischen Buchblock und Brettern verbessert und auch die Gefahr ausschaltet, daß sich mit einem eventuellen Ablösen oder Brechen der Hinterklebungen auch gleich das Einbandleder abhebt, was zu einer Lockerung des Leders am Scharnier führt und den Rücken einem frühen Verschleiß aussetzt, wie die zahlreichen mechanischen Schäden an den Bänden der Sammlung deutlich machen. Um der Verletzbarkeit im Bereich des Scharniers und des Rückens entgegenzuwirken, wurde das neue Leder auf einen speziell angefertigten Rückenmodel geklebt, so daß die Form der Bünde sichtbar bleibt und der gleichzeitig entstandene Hohlrücken die Elastizität der Scharnierbewegung garantiert.

Abschließend kann festgehalten werden, daß diese wenigen archäologischen Merkmale und ihre Gemeinsamkeiten ein deutlicher Hinweis darauf sind, daß die Büchersammlung Ambergs, wie sie sich heute präsentiert, vorsichtig ausgedrückt, auf eine bestimmte Werkstatt mit einem uns unbekannten oder heute noch unbekannten Buchbinder zurückgeht. Allerdings kann die Analyse nur dieser kleinen Zahl von 18 Codices allein kaum genügend Klarheit vermitteln über die Urheberschaft dieser Bibliothek, besonders was die buchbinderischen und handwerklichen Aspekte betrifft. Zusätzliche Hinweise und vor allem mehr Vergleichsmaterial werden nötig sein. Die codicologischen Untersuchungen an der «Defensor Pacis»-Handschrift anläßlich ihrer Restaurierung haben aber erfreulicherweise gezeigt, daß diesen Zeugen mittelalterlicher Geisteswissenschaft noch manches unerwartete Geheimnis zu entlocken ist.

Ein Dominikaner im Franziskanerkloster

Der Wanderprediger Vinzenz Ferrer und die Freiburger Waldenser (1404)
Zu Codex 62 der Franziskanerbibliothek

von Kathrin Utz Tremp

Zu Beginn des 15. Jahrhunderts, als der spanische Wanderprediger Vinzenz
Ferrer die Stadt Freiburg besuchte, war die Christenheit in zwei große
Lager gespalten, das sogenannte Große abendländische Schisma[1]. Es gab
zwei Päpste, der eine residierte in Rom, der andere in Avignon. In Avignon
hatten die Päpste hundert Jahre früher unter dem Druck des französischen
Königs Residenz genommen. In der Folge rekrutierten sich der päpstliche
Hof, das Kollegium der Kardinäle und insbesondere die Päpste selbst
immer mehr aus ihrer französischen Umgebung. Dabei ging auch nach
einem halben Jahrhundert das Bewußtsein, daß das Papsttum eigentlich

---

[1] Wir erlauben uns, hier und im folgenden ausführlich aus unserem Beitrag in der
Ökumenischen Kirchengeschichte der Schweiz, Freiburg/Basel 1994, S. 83ff., zu
zitieren. Die wichtigste benutzte Literatur: Walter Brandmüller, *Das Konzil von
Konstanz 1414–1418* (Konziliengeschichte Reihe A: Darstellungen), Bd. 1,
Paderborn 1991; *Genèse et débuts du grand schisme d'occident*. Avignon 25–28
septembre 1978 (Colloques internationaux du centre national de la recherche
scientifique N° 586), Paris 1980; Roger Ch. Logoz, *Clément VII (Robert de
Genève), sa chancellerie et le clergé romand au début du Grand Schisme (1378–
1394)* (Mémoires et documents publ. par la Société d'histoire de la Suisse
romande, 3ᵉ série, 10), Lausanne 1974; Karl Schönenberger, *Das Bistum Konstanz während des großen Schismas 1378–1415*, in: ZSKG 20 (1926), S. 1–31, 81–
110, 185–222, 241–281; ders., *Die Städte Bern und Solothurn während des großen
Schismas*, in: ZSKG 21 (1927), S. 54–69; ders., *Das Bistum Basel während des großen Schismas 1378–1415*, in: *Basler Zs. für Geschichte und Altertumskunde* 26
(1927), S. 73–143; 27 (1928), S. 115–189; Bernard Truffer, *Die Bischöfe von Sitten
zur Zeit des großen abendländischen Schismas (1378–1417)*, in: *Vallesia* 33 (1978),
S. 139–177; Berthe Widmer, *Die Schlacht von Sempach in der Kirchengeschichte*,
in: *Schweizerische Zs. für Geschichte* 16 (1966), S. 180–205.

nach Rom und nicht in die «babylonische» oder eben avignonesische
«Gefangenschaft» gehöre, nie ganz verloren, vor allem in Italien nicht.
Zum Sprachrohr dieser Stimmen wurde in den siebziger Jahren des 14.
Jahrhunderts die heilige Katharina von Siena, damals eine blutjunge Domi-
nikanerterziarin. Sie scheute sich nicht, sich in Briefen direkt an den in
Avignon residierenden Papst, Gregor XI. (1370–1378), zu wenden und ihn
zur Rückkehr nach Rom und zur Reform der Kirche aufzufordern. Im
Jahr 1376 nahm sie sogar eine Reise nach Avignon auf sich, um ihre Anliegen dem Papst mündlich vorzutragen und ihn gewissermaßen selber
«heimzuholen», was ihr auch gelang: Im Herbst 1376 verließ Gregor XI.
gegen den Willen der französischen Kardinäle Avignon und hielt am 17.
Januar 1377 seinen Einzug in Rom: Katharina schien ihr Ziel erreicht zu
haben.

Was Katharina von Siena nicht hatte voraussehen können, war, daß
Papst Gregor XI. knapp ein Jahr nach seiner Rückkehr nach Rom noch
nicht fünfzigjährig sterben würde. Am 8. April 1378 wählten die Kardinäle
in Rom einen Italiener, Urban VI., zum Papst. Diese Wahl war, wie sie
später sagten, nur unter dem Druck der stadtrömischen Bevölkerung
zustandegekommen und deshalb nicht rechtmäßig. Die Kardinäle zogen
sich aus Rom zurück, erklärten Urbans Wahl für ungültig und wählten am
20. September 1378 in Fondi (im Königreich Neapel) einen der ihren, Kardinal Robert von Genf, zum Papst mit dem Namen Clemens VII. Da
Urban VI. keineswegs gewillt war abzutreten, kam es zu Kriegshandlun-
gen. Clemens VII. mußte sich im Sommer 1379 aus Italien nach Avignon
zurückziehen, wo alles bereit war, einen päpstlichen Hof aufzunehmen.
Anstelle eines einzigen Stellvertreters Christi auf Erden gab es nun deren
zwei, «das nahtlose Kleid Christi» war durch das Schisma zerrissen und
damit auch das Lebenswerk der heiligen Katharina von Siena zerstört. In
ihren Augen war Urban VI. der einzige rechtmäßige Papst. Sie ist denn
auch nur zwei Jahre später, am 30. April 1380, im Alter von erst 33 Jahren
gestorben, wahrscheinlich aus Verzweiflung über die Kirchenspaltung.

Robert von Genf, nun Papst Clemens VII., stammte aus der Familie der
Grafen von Genf und war über seine Mutter mit dem französischen
Königshaus verwandt. Seinem Papsttum schlossen sich Frankreich, Schott-
land, Süditalien und Spanien an, während England, Nord- und Mittelitalien
sowie das Deutsche Reich auf der Seite Urbans VI. standen. Aus dieser
Konstellation erhellt schon, daß das Gebiet der nachmaligen Schweiz vom
Schisma in besonderem Maße betroffen sein mußte: sowohl durch seine
Lage zwischen den Blöcken als auch durch seine politische Zerstückelung.

Der Riß ging durch fast alle schweizerischen Bistümer hindurch, wo es zu Doppelwahlen und zur Verdoppelung der Bischofsreihen kam.

Die einzigen Ausnahmen bildeten die norditalienische Diözese Como mit dem Tessin, welche zur Obödienz Papst Urbans VI. gehörte und nie davon abwich, und die Diözese Genf, die ebenso unverbrüchlich zu ihrem Sohn, Papst Clemens VII., hielt. Dagegen schlugen sich die amtierenden Bischöfe von Basel, Konstanz und Sitten beim Ausbruch des Schismas auf die Seite Avignons und riefen damit ob kurz oder lang urbanistische Gegenkräfte und Gegenkandidaten hervor. Dies geschah nicht zuletzt unter dem Einfluß Herzog Leopolds III. von Österreich, der sich von einer Parteinahme für Clemens VII. einiges für seine politische Karriere versprach und der deshalb in seiner Stadt Freiburg i. Br. einen avignonesischen Legaten wirken ließ. Entsprechend wandte sich das Blatt nach Leopolds Niederlage und seinem Tod in der Schlacht von Sempach 1386 in fast allen schweizerischen Diözesen zugunsten der Anhänger Urbans VI. In dieser Trendwende fand sich selbst für den Bischofsstuhl von Lausanne, der vorher und nachher immer von Clementisten besetzt gewesen war, ein urbanistischer Gegenkandidat, Johannes Münch von Landskron (1389/1390–1410), der allerdings nur gerade von der Stadt Bern unterstützt wurde. Dies ist wohl auf deren Grenzlage zwischen den Diözesen Lausanne und Konstanz zurückzuführen, aber auch auf die Tatsache, daß sie von Papst Clemens VII. wegen eines Überfalls auf das Cluniazenserpriorat Rüeggisberg exkommuniziert und mit dem Interdikt belegt worden war.

Bei all dem war ein Ende des Schismas nicht abzusehen, im Gegenteil, dieses hatte sich inzwischen auch auf höchster Ebene, von welcher es ausgegangen war, fortgesetzt. Nach dem Tod Urbans VI. war 1389 in Rom Bonifaz IX. und nach dem Tod Clemens' VII. war 1394 in Avignon Benedikt XIII. gewählt worden. Während die einen in Indifferenz und politisches Kalkül verfielen, litten die anderen, insbesondere die religiös Sensiblen und Sensibilisierten, schwer unter der Situation und dem drohenden Autoritätsverlust der Kirche. Zu ihnen gehörte der spanische Dominikaner Vinzenz Ferrer, der anfänglich ebenso überzeugt zu Clemens VII. gehalten hatte wie die heilige Katharina von Siena zu Urban VI. Als König Peter IV. von Aragon versuchte, neutral zu bleiben, verfaßte Ferrer im Jahr 1380 einen Traktat mit dem Titel «De moderno ecclesie schismate», in welchem er nachzuweisen versuchte, daß erstens Clemens VII. legal gewählt worden sei und daß es zweitens in einem solchen Konflikt keine Neutralität geben könne. Er wurde Beichtvater der Königin Yolanda von Aragon und auch von Benedikt XIII., dem 1394 gewählten Nachfolger Clemens' VII. Als der französische König am 1. September 1398 dem avignonesischen Papst die

Gefolgschaft aufkündigte, stürzte Vinzenz Ferrer in eine schwere Glaubenskrise und Krankheit, welche er 1412 in einem Brief an Benedikt XIII. beschreibt[2].

In diesem Brief berichtet er von einer Erscheinung, welche er vor mehr als 15 Jahren während eben dieser schweren Krankheit gehabt habe. Als er Gott im Gebet um seine Genesung angefleht habe, damit er weiterhin predigen könne, seien ihm die heiligen Dominikus und Franziskus erschienen, welche Christus kniefällig für ihn gebeten hätten. Schließlich sei Christus mit ihnen zu ihm hinuntergestiegen, habe dem krank im Bett Liegenden die Wange gestrichelt und ihm aufgetragen, daß er in die Welt predigen gehe, wie die Apostel und wie die heiligen Dominikus und Franziskus, damit die Menschen sich vor der Ankunft des Antichrists bekehren und Buße tun könnten. Durch diese Berührung sei er sofort und vollständig von seiner Krankheit geheilt worden[3]. Seitdem, seit 13 Jahren, sei er nun in göttlichem Auftrag durch die Welt gerannt und habe täglich unter großer Anstrengung gepredigt, und er renne noch immer, obwohl er inzwischen ein Greis von mehr als sechzig Jahren sei («jam per tredecim annos per mundum discurrerit, et adhuc continue discurrat, quotidie predicando et multipliciter laborando, et jam sit senex habens plusquam sexaginta annos etatis»). Es sei aber alles nur noch viel schlimmer und ärger geworden, die

---

2 *Histoire des saints et de la sainteté chrétienne*, sous la dir. d'André Vauchez, 7 (1986), S. 247–256 (Ph. Niederlender, Art. *Vincent Ferrier*), S. 248–250. Zum Traktat «De moderno ecclesie schismate» siehe auch Bernard Montagnes, *Saint Vincent Ferrier devant le Schisme*, in: *Genèse et débuts du grand schisme d'occident* (wie Anm. 1), S. 607–613.

3 Henri Dominique Fages OP, *Notes et documents de l'histoire de Saint Vincent Ferrier*, Louvain/Paris 1905, S. 220f.: «Cum enim dictus Religiosus graviter infirmaretur et oraret affectuose Deum pro sua sanatione, ut posset predicare verbum Dei, sicut ardenter consueverat et frequenter: tandem sibi in oratione eadem, quasi dormienti apparuerunt predicti duo Sancti Dominicus et Franciscus ante pedes Christi exorantes, et vehementissimis supplicationibus ipsum Christum deprecantes. Et tandem post magnam deprecationem, Christus cum eis descendens, hinc inde cum eisdem sanctis collateraliter associatus, venit ad ipsum Religiosum in suo lecto jacentem infirmum, et manu sua sanctissima maxillam ejus tangens, quasi demulcendo, manifeste innuebat mentaliter eidem religioso infirmo, quod ipse iret per mundum apostolice predicando, quemadmodum predicti sancti fecerunt, et sic ejus predicationem ante adventum Antichristi ad conversionem et correctionem hominum misericorditer expectaret. Statim immediate ad tactum Christi predictus Religiosus excitatus, plene curatus fuit a sua infirmitate.»

Christenheit sei inzwischen dreigeteilt und er, Ferrer, habe sichere Nachrichten, daß der Antichrist geboren und inzwischen bereits neun Jahre alt
sei[4]. Auch die Orden der Dominikaner und Franziskaner, denen die Jungfrau Maria die Rettung der Welt aufgetragen habe, hätten versagt, weil sie
sich selbst nicht an ihre eigenen Regeln hielten[5].

Hier stoßen wir auf einen Gedanken, der Ferrer sehr wichtig war und
der in seinen Briefen und Predigten immer wieder auftaucht, so auch in
einer Predigt, die er am 17. März 1404 in Payerne gehalten hat, und hier im
Brief an Benedikt XIII., der Gedanke nämlich von der Zusammenarbeit der
Dominikaner und Franziskaner zur Rettung der Welt. Er leitete ihn aus
einer Geschichte in der Vita des heiligen Dominikus ab. Als der heilige
Dominikus in Rom auf die Bestätigung seines Ordens durch den Papst
wartete, sah er nachts im Gebet Christus aus der Luft mit drei Lanzen die
Welt bedrohen. Da eilte seine Mutter herbei und fragte, was er vorhabe. Er
antwortete, daß die Welt so voll von drei Lastern sei, nämlich von Hoch-
mut, Begierde und Geiz, daß er sie mit drei Lanzen vernichten wolle. Da
warf sich die Jungfrau auf die Knie und bat ihn, seinen gerechten Zorn
durch Erbarmen zu dämpfen. Sie habe nämlich einen getreuen Diener und
starken Kämpfer, der überallhin rennen («ubique discurrens») und die Welt
bekämpfen werde. Ihm gebe sie einen anderen Diener zur Seite, der mit
ihm streiten werde. Christus ließ sich besänftigen und sich die beiden Diener seiner Mutter vorstellen, die heiligen Dominikus und Franziskus, deren
Nachfolger nach dem Willen des heiligen Dominikus - und Ferrers! - wie
ein Herz und eine Seele durch die Welt gehen sollten[6]. Während aber die
Geschichte 1404 in Payerne noch ganz tröstlich ausklingt, hat Ferrer 1412
in seinem Brief an Benedikt XIII. auch diese seine letzte Hoffnung verloren. Der von der Jungfrau Maria erwirkte Aufschub schien ihm ungenutzt
verstrichen zu sein, die beiden Orden der Dominikaner und Franziskaner

---

4 Fages, *Notes et documents*, S. 221–223.
5 Siehe Anm. 7.
6 Franziskanerkloster Freiburg, Cod. 62, fol. 77v–78r; Fages, *Notes et documents*
   (wie Anm. 3), S. 217. Zur angeblichen Begegnung zwischen Dominikus und
   Franziskus in Rom siehe Marie-Humbert Vicaire OP, *Histoire de Saint-Domi-
   nique*, Bd. 2, Paris 1982, S. 84 Anm. 87; zu den Beziehungen zwischen den beiden Heiligen siehe Berthold Althaner, *Die Beziehungen des hl. Dominikus zum
   hl. Franziskus von Assisi*, in: *Franziskanische Studien* 9 (1922), S. 1–28, 12–18;
   Kaspar Elm, *Franziskus und Dominikus. Wirkungen und Antriebskräfte zweier
   Ordensstifter*, in: *Saeculum* 23 (1972), S. 127–147.

hatten, wie erwähnt, versagt[7] und die Christenheit war inzwischen nicht nur zwei-, sondern sogar dreigeteilt.

Mit der Dreiteilung der Christenheit spielt Ferrer 1412 auf die Ereignisse an, die sich seit seinem Aufbruch von 1397/1399 zugetragen hatten. Wenn der französische König dem avignonesischen Papst 1398 die Obödienz aufgekündigt hatte, so weil sich in jenen Jahren an der Universität Paris allmählich die Meinung durchgesetzt hatte, daß das Schisma nur durch ein allgemeines und universales Konzil beendet werden könne. Bis es dann allerdings zur Einberufung eines solchen Konzils kam, verstrichen noch rund zehn Jahre, denn das Konzil hätte eigentlich von einem der beiden Päpste einberufen werden müssen, und die waren beide dagegen. Das Konzil kam trotz aller Widerstände im Jahr 1409 in Pisa zusammen und setzte zunächst die beiden Päpste, Gregor XII. (bereits der dritte Nachfolger von Urban VI.) und Benedikt XIII. ab; anschließend wählten die Kardinäle im Juni 1409 Alexander V. zum Papst. Die beiden abgesetzten Päpste unterwarfen sich dem Urteil des Konzils jedoch nicht, sondern zogen sich zurück, Gregor XII. nach Rimini und Benedikt XIII. nach Spanien. Und als Alexander V. bereits ein Jahr später starb, wurde er seinerseits wieder ersetzt, nämlich durch Johannes (XXIII.); die Hierarchie war zu einem dreiköpfigen Ungeheuer mit nachwachsenden Köpfen geworden. Dies ist die Situation, wie sie Ferrer 1412 in seinem Brief an Benedikt XIII. schildert und die ihm verzweifelt und hoffnungslos erschien. Dabei haben ihn sicher auch Zweifel an seinem «eigenen» Papst, Benedikt XIII., geplagt, der mindestens ebenso unnachgiebig und uneinsichtig war wie die beiden anderen auch.

Im Jahr 1414 gelang es dem deutschen König Sigismund (1410–1437), im Einverständnis mit Papst Johannes (XXIII.), wiederum ein Konzil zu ver-

---

7   Fages, *Notes et documents* (wie Anm. 3), S. 220: «Quoniam ex illa revelatione manifeste habetur, quod duratio hujus mundi tota stat modo in quadam prorogatione conditionali obtenta per Beatam Virginem, sub spe correctionis et conversionis hujus mundi per dictos Ordines Sanctorum Dominici et Francisci, dicente Christo ad ipsam Virginem Matrem suam sententialiter: «Nisi per istos Ordines mundus fuerit conversus et correctus, amodo non parcam.» Cum ergo conversio et correctio hujus mundi sequuta non fuerit, immo multo pejoribus et majoribus peccatis, criminibus et sceleribus mundus abundat, et (quod dolenter referendum est) ipsi Ordines Religiosorum dati ad correctionem mundi jam realiter sunt destructi, ita quod modica observantia Religionis tenetur in eis, certe cuilibet circumspecto viro potest hec quarta conclusio [quod tempus Antichristi et finis mundi erunt cito, et bene cito, ac valde breviter] pro manifesta haberi.»

sammeln, diesmal in Konstanz. Dieser Papst sah in einem Konzil das einzige Mittel, sich gegen seine beiden Konkurrenten durchzusetzen. Als sich jedoch die Stimmung auf der Versammlung im Frühjahr 1415 auch gegen ihn zu wenden begann, versuchte er sich dem Konzil am 20./21. März 1415 durch eine nächtliche Flucht von Konstanz nach Schaffhausen zu entziehen. Dabei war ihm Herzog Friedrich IV. von Österreich behilflich, der eine ähnliche Rolle spielte wie nach dem Ausbruch des Schismas sein Vater Leopold III. Damit brachte Friedrich das Haus Habsburg um den Aargau, welcher in Vollzug der von König Sigismund wegen seiner Fluchthilfe über ihn verhängten Reichsacht von den Eidgenossen besetzt wurde. Die Flucht Papst Johannes' (XXIII.) bewirkte, daß das Konzil am 6. April 1415 in dem berühmt gewordenen Dekret «Haec sancta» seine Superiorität über den Papst erklärte und am 29. Mai 1415 Johannes (XXIII.) absetzte. Darauf ließ der römische Papst, Gregor XII., seinerseits am 4. Juli 1415 durch einen Prokurator seinen Rücktritt verkünden. Blieb nur der avignonesische Papst, Benedikt XIII., dem König Sigismund in der zweiten Hälfte des Jahres 1415 bis nach Südfrankreich nachreisen mußte. Benedikt XIII. war indessen nicht zu einer Abdankung zu bewegen, wohl aber kündigte ihm die spanische Nation die Gefolgschaft auf. Dies geschah am 6. Januar 1416 in Perpignan durch Vinzenz Ferrer in einer Predigt mit den Anfangsworten «Ossements déséchés, écoutez la Parole de Dieu»[8].

Damit hatte Vinzenz Ferrer endgültig mit «seinem» Papst gebrochen. Er schloß sich aber auch dem Konzil von Konstanz nicht an, obwohl er im Sommer 1417 von Johannes Gerson und Petrus d'Ailly, zwei der wichtigsten Konzilsväter, brieflich dazu aufgefordert wurde. Wenn Ferrer nicht seine ganze Autorität in die Waagschale geworfen hätte, hätten die Spanier Petrus de Luna oder eben Benedikt XIII. die Obödienz nicht aufgekündigt. Deshalb solle Ferrer sich die auf dem Konzil bevorstehende Papstwahl und damit das sichtbare Ende des Schismas mit eigenen Augen anschauen kommen. Dabei solle er aber die Flagellanten, die ihn begleiteten, zu Hause lassen und sich in Zukunft besser von dieser «Sekte» distanzieren, die schon zu wiederholten Malen verurteilt worden sei[9]. Damit spielt Gerson auf die

---

8 *Histoire des saints* 7 (wie Anm. 2), S. 252.

9 Jean Gerson, *Oeuvres complètes*, Introduction, texte et notes par Mgr Palémon Glorieux, Bd. 2, Paris 1960, S. 200–202 Nr. 41 (9. u. 21. 6. 1417), insbes. S. 201: «Crede mihi, doctor emerite, multi multa loquuntur super predicationibus tuis et maxime super illa secta se verberantium qualem constat praeteritis temporibus fuisse pluries et in locis variis reprobatam, quam nec approbas, ut testantur noti tui, sed nec efficaciter reprobas.»

Tatsache an, daß Vinzenz Ferrer auf seinen Predigtreisen von einer Menge
von Bußwilligen begleitet wurde, die er durch seine Predigt aufgerüttelt
hatte und die ihm meist während 33 Tagen (in Entsprechung zu den
Lebensjahren Christi) im weiß-schwarzen Kleid der Dominikanerterziaren
folgten. Dies war der Hierarchie – auch der konziliaren – suspekt, obwohl
Ferrer auf strengste Ordnung achtete, Männer und Frauen getrennt hielt
und auch dafür sorgte, daß die Bußwilligen nicht auf diese Art ihren Fami-
lien oder ihren Schulden davonliefen[10].

Vinzenz Ferrer scheint der «freundlichen» Einladung nicht Folge gelei-
stet zu haben, er wohnte der Wahl des neuen Papstes Martins V. durch das
Konzil von Konstanz am 11. November 1417 nicht bei, sondern zog es
vor, zusammen mit den Flagellanten weiter durch die Welt zu ziehen und
zu predigen, zuletzt in den Jahren 1417–1419 in der Bretagne, wo er am 5.
April 1419 in Vannes gestorben ist[11].

Doch kehren wir zu Ferrers Bekehrungserlebnis vom 3. Oktober 1398[12]
zurück, welches er in dem Brief an Benedikt XIII. vom Jahr 1412
beschreibt. Seit seiner Heilung und Aussendung durch Christus persönlich
sah Ferrer sich nicht mehr als Propagandisten Benedikts XIII., sondern
nannte sich vielmehr selbst einen Legaten Christi («legatus a latere Christi»)[13]. Im Alter von rund fünfzig Jahren verließ er am 22. November
1399[14] Avignon und Benedikt XIII., um während der restlichen zwanzig
Jahre seines Lebens das mühevolle und aufreibende Leben eines Wander-
predigers zu führen. Dabei scheint er sich trotz seiner innerlichen Distan-
zierung von Benedikt XIII. an die Grenzen der avignonesischen Obödienz

---

10 Histoire des saints 7 (wie Anm. 2), S. 254; Roberto Rusconi, L'attesa della fine.
    Crisi della società, profezia ed Apocalisse in Italia al tempo del grande scisma d'Oc-
    cidente (1378–1417) (Studi storici, 115–118), Roma 1979, S. 231f. Zu den Flagel-
    lanten siehe auch Il Movimento dei Disciplinati nel Settimo Centenario dal suo
    inizio (Perugia 1260). Convegno internazionale Perugia 25–28 Settembre 1960
    (Deputazione di storia patria per l'Umbria, Appendice al Bollettino 9), Perugia
    1962, insbes. S. 109–145 den Beitrag von Etienne Delaruelle, Les grandes proces-
    sions de pénitents de 1349 et 1399, wiederabgedruckt in: ders., La Piété populaire
    au Moyen Age, Torino 1975.
11 Histoire des saints 7 (wie Anm. 2), S. 248, 251.
12 Zum Datum: Histoire des saints 7, S. 250; Rusconi, L'attesa (wie Anm. 10), S.
    219.
13 Fages, Notes et documents (wie Anm. 3), S. 97.
14 Zum Datum ebda., S. 97.

gehalten zu haben[15]. Unterwegs predigte er täglich, manchmal zwei- bis
dreimal, und sang die Messe, so daß ihm zum Reisen, Essen und Schlafen
kaum Zeit blieb; seine Predigten legte er sich auf der Reise zurecht[16]. Auf
diese Weise besuchte er, wie er an seinen Generalobern schrieb, in den
folgenden Jahren die Dauphiné, insbesondere mehrmals die drei berühmt-
berüchtigten Waldensertäler in der Diözese Embrun; darauf ging er für 13
Monate in die Lombardei und die Waldensertäler der Diözese Turin, und
schließlich predigte er in Savoyen, in den Bistümern Sitten, Aosta, Taren-
taise, Maurienne und Grenoble. Am 17. Dezember 1403 war er in Genf[17]
und am 9. März 1404 hier in Freiburg.

Die Freiburger Stadtrechnung der ersten Hälfte des Jahres 1404 meldet,
daß man Vinzenz Ferrer, wie das hier so üblich war, mit Wein und Claret,
einem Gewürzwein, empfing. Daß es sich um Vinzenz Ferrer handelte,
müssen wir indessen anderen Quellen entnehmen, denn in der Stadtrechnung wird er «der Prediger von Bern» («pregierre de Berna») genannt[18]. Da
wir aus dieser Richtung alles andere als einen berühmten spanischen Wanderprediger erwarten, kann die Erklärung - vorausgesetzt, daß es sich wirklich um Vinzenz Ferrer gehandelt hat - wohl nur darin liegen, daß dieser
vor Freiburg auch die Stadt Bern besucht hat, welche aber im Jahr 1404,
wie wir gesehen haben, nicht unbedingt avignonesischer Obödienz war[19].
Es hängt also alles an den Fragen, wie ernst es der Stadt Bern mit ihrem

15 Henri Dominique Fages OP, *Histoire de Saint Vincent Ferrier*, Bd. 1, Lou-
   vain/Paris ²1901, S. 122; Matthieu-Maxime Gorce OP, *Saint Vincent Ferrier
   (1350–1419)*, Paris 1924, S. 71; ders., *St Vincent Ferrier (1350–1419)* («Les Saints»),
   Paris 1935, S. 63f.; Rusconi, *L'attesa* (wie Anm. 10), S. 219; Hodel, *Sermons* (wie
   Anm. 32), S. 149.

16 Fages, *Notes et documents* (wie Anm. 3), S. 109: «quotidie me oportuit circum-
   fluentibus undique populis predicare et frequentissime bis in die; necnon et ter
   aliquando; immo et missam cum nota solemniter celebrare; ita quod itinera-
   tioni, comestioni et dormitioni et aliis pertinentibus vix mihi superest tempus;
   quinimo itinerando oportet me ordinare sermones».

17 Ebda., S. 109–111.

18 Ebda., S. 121: «Item (livré) ou pregierre de Berna pour vin et claret, VII sols et
   IIII deniers». Zum Ehrenwein siehe Eveline Seewer, *Die Bedeutung des Weins im
   spätmittelalterlichen Freiburg im Uechtland*, in: *Freiburger Geschichtsblätter* 64
   (1985/86), S. 7–106, insbes. S. 11f.

19 Zum Besuch Ferrers in Bern siehe Raedlé, *Prédication* (wie Anm. 30), S. 655;
   Brettle, *Vincente Ferrer* (wie Anm. 31), S. 13f.; Schönenberger, *Bern und Solothurn* (wie Anm. 1), S. 60 Anm. 3.

Lausanner Gegenbischof Johannes Münch von Landskron gewesen ist und ob Ferrer sich tatsächlich immer an die Grenzen der avignonesischen Obödienz gehalten hat, Fragen, die wir in dem hier gesteckten Rahmen nicht beantworten können.

Die Stadtrechnung der ersten Jahreshälfte 1404 gibt aber noch weitere Rätsel auf. Hier wird nämlich bei einem Sticker («brodarre») eine schwarzweiße (oder weiß-schwarze?) Fahne in Auftrag gegeben[20]. Sie gilt in der Freiburger Literatur als ältester Beleg für die Freiburger Standesfarben[21], und in der Ferrer-Literatur, angefangen mit dem Franziskanerpater Nicolas Raedlé[22], als Fahne der den Wanderprediger begleitenden Flagellanten. Auch hier können wir nicht entscheiden, aber der Gedanke, daß die Forschung vielleicht eine Büßerfahne mit einer Freiburger Fahne verwechselt hat oder umgekehrt, ist doch einigermaßen verblüffend.

Auf die Flagellanten deutet hin, daß die Stadtwachen in allen Quartieren ganz massiv verstärkt wurden[23]; die Freiburger Stadtbehörden scheinen Ferrers Begleiter ähnlich eingeschätzt und geschätzt zu haben wie später Johannes Gerson. Dazu kam wahrscheinlich ein zahlreiches Publikum, welches es ebenfalls zu überwachen und zu kanalisieren galt. Dieses konnte offensichtlich nicht in einer Kirche untergebracht werden, deshalb stellte man im Freien – leider wissen wir nicht, wo – eine Kanzel auf, an welche mehrere Zimmerleute insgesamt 33 Tagwerke wendeten[24].

---

20 Fages, *Notes et documents* (wie Anm. 3), S. 121: «Item por dimie libre et dimie uncy de saya pour l'estandart, L sols. / Item ou brodarre por faire j estandar et vne bandeire, XII s. [.....] / Item a Ulschi por j aulna de theila blanchi et j de theila neyre, VIII s. / Item por j uncy de saya noyre (sic), XII s. / Item por dimie within de saya noire, IX den. / Item por fy blanc, VI den.»

21 Max de Diesbach, *Les armes de Fribourg*, in: *Schweizer Archiv für Heraldik* 17 (1903), S. 49–56, 50.

22 Raedlé, *Prédication* (wie Anm. 30), S. 655.

23 Fages, *Notes et documents* (wie Anm. 3), S. 122: «Mession por gardeir les portes quand ly pregierre seiz fust. / Et prumier en Logy (l'Auge) por X gardes per lo banderet de Logy, LXXI s. / Item in la partie Niquilly Gambach por gardes por IIII portes et por autre mession, CVI s. VIII den. / Item in la partie dou Bor por gardes per lo banderet dou Bor, XXVII s. IIII den. / Item por II waites qui hont garder la loge, et cen qui estoit dident por ior et nuyt, XVIII s. / Item por II escharvivait(!) eis Places, XIIII s. / Item in la partie dou banderet de la Novuavilla pour gardes, LXII s.»

24 Ebda., S. 121f.: «Mession por la logy dou pregierre. / Mars, prumiere semeine. / Et prumier à Anthoino chappuis por III iornées, VII s. V den. / Item por XXIII iornées d'autres chappuis, LVI s. / Item a Schnorro por IIII iornées, VI s. / Item

Da es in Freiburg im Mittelalter keine Dominikanerniederlassung gab, fand Vinzenz Ferrer wie auch andere hohe Freiburger Gäste im hiesigen Franziskanerkloster Aufnahme[25]. Hier traf er auf den Franziskaner Friedrich von Amberg, der an der Wende vom 14. zum 15. Jahrhundert das Amt eines Provinzials der Oberdeutschen Minoritenprovinz bekleidete, welche damals ebenso gespalten war wie die ganze Christenheit[26]. Außerdem war Amberg ein großer Büchersammler, der nach seinem Tod im Jahr 1432 dem Freiburger Franziskanerkloster eine bedeutende Bibliothek hinterließ. Er schien auf Ferrer geradezu gewartet zu haben, denn in jenen Jahren interessierte er sich zunehmend für die Predigt, insbesondere für diejenige des Franziskaners Berthold von Regensburg, der im 13. Jahrhundert ähnlich wie Ferrer als Wanderprediger gewirkt hatte[27]. Friedrich von Amberg ergriff also die Gelegenheit, welche sich ihm hier bot, und heftete sich an Ferrers Fersen. Dieser begann am Sonntag Mittfasten (9. März 1404) in Freiburg zu predigen. Zunächst predigte er bis Donnerstag hier in der Stadt, dann begab er sich für zwei Tage, Freitag und Samstag, nach Murten; Sonntag und Montag der folgenden Woche weilte er in Payerne, Dienstag und Mittwoch in Avenches, und schließlich predigte er am Donnerstag und Freitag (20. und 21. März 1404) in Estavayer-le-Lac. Überall aber folgte ihm Friedrich von Amberg und schrieb seine Predigten nach, fünf in Freiburg (Predigt Nr. 1-5), je zwei in Murten (Nr. 6 und 7), Payerne (Nr. 8 und 9) und Avenches (Nr. 10 und 11) und schließlich wieder fünf in Estavayer (Nr. 12-16)[28]. Es könnte sein, daß die Nachschrift dieser Predigten,

---

ou Drigon de Juvisie por IIII iornées et dimie charrois, XVIII s. / – Secunde semeine. / Item a Jaquet Cormanon por j iornée et dimie charrois, XII s. / Item a Johant Mucha por j iornée charrois, VIII s. / Item por III iornée de chappuis, VII s. / – Tierce semeine. / Item a Johant Mucha por j iornée et dimie charrois, XII s.»

25 Ebda., S. 121: «Item eis Cordelliers por les despin dou pregierre, LX s.» Zu den Gästen des Freiburger Franziskanerklosters siehe Ernst Tremp, *Könige, Fürsten und Päpste in Freiburg. Zur Festkultur in der spätmittelalterlichen Stadt*, in: *Freiburger Geschichtsblätter* 68 (1991), S. 7-56, insbes. S. 31f.

26 *Helvetia Sacra* V/1, S. 46, 67-69, s. auch S. 161.

27 Jörg, *Untersuchungen*, insbes. S. 10, 66f., 105.

28 Franziskanerkloster Freiburg, Cod. 62, fol. 45r-95v, insbes. fol. 45r: «Notandum est, quod anno domini m⁰ cccc iiii⁰ quidam famosus predicator de ordine Jacobitarum nomine magister Vincencius Ferrarii, de Valencia Magna oriundus, ad Friburgum Oᵉchtlandie applicuit et in medio Quadragesime ibidem predicare cepit per totam illam septimanam. Postea vero se transtulit ad

heute in Codex 62 der Freiburger Franziskanerbibliothek, die eigenständig-
ste Leistung des Büchersammlers Friedrich von Amberg darstellt, und
andererseits könnten diese 16 Predigten die frühesten (von ca. 400 Predigten) sein, welche von Vinzenz Ferrer überliefert sind, obwohl dieser vielleicht bereits in den siebziger Jahren des 14. Jahrhunderts mit Predigen
angefangen hatte[29]. Dominikus schien seinen Franziskus gefunden zu
haben!

Die Predigtnachschriften Ambergs wurden um die Mitte des 19. Jahrhunderts vom Franziskanerpater Nicolas Raedlé (auch: Nikolaus Rädle)
wiederentdeckt, als dieser sich anschickte, alle (!) Handschriften der Fran-
zikanerbibliothek durchzulesen («Je découvris ces sermons en 1854, lorsque
à cette époque j'entrepris de lire tous les manuscrits de notre bibliothèque»)[30]. Vier der fünf in der Stadt Freiburg gehaltenen Predigten, die
sogenannten Antichristpredigten, hat 1924 der Franziskaner Sigismund
Brettle ediert[31], und die fünf Predigten von Estavayer-le-Lac erst kürzlich,
im Rahmen einer Lizenziatsarbeit der Theologischen Fakultät der Universität Freiburg, der Dominikanerpater Bernard Hodel[32]. Die restlichen
sieben habe ich im Hinblick auf diesen Vortrag transkribiert, Sie sind also,

villas circumiacentes. Quem ego frater Fridericus, minister fratrum Minorum
provincie superioris Alemanie, sacerdos, theologie professor, associans et
sequens usque ad dominicam Palmarum, reportavi omnes sermones, quas tunc
predicavit de ore suo, meliori modo quo potui, et in sexternis sequentibus propria manu conscripsi etc.»

29 Jörg, *Untersuchungen*, S. 14, 75 Anm. 7, 82; Brettle, *Vincente Ferrer* (wie Anm.
    31), S. 34, 70, 173f. Zu Cod. 62 der Franziskanerbibliothek Freiburg siehe auch:
    Scarpatetti, *Katalog*, S. 140 Nr. 387.

30 Nicolas Raedlé, *Prédication de S. Vincent Ferrier à Fribourg, en mars 1404*, in:
    Revue de la Suisse catholique 5 (1873), S. 653–661, insbes. S. 657. Siehe auch dens.,
    Le couvent des RR. PP. Cordeliers de Fribourg (suite), ebda., 14 (1883), S. 166–177,
    193–215, insbes. S. 172–177, 193–202. Zu Nicolas Raedlé siehe zuletzt Otho
    Raymann, in: *Freiburger Nachrichten* Nr. 112, Samstag, 15. Mai 1993, Magazin
    am Wochenende.

31 Sigismund Brettle, *San Vincente Ferrer und sein literarischer Nachlaß*
    (Vorreformationsgeschichtliche Forschungen 10), Münster 1924, S. 177–194.

32 Bernard Hodel, *Sermons de saint Vincent Ferrier à Estavayer-le-Lac en mars 1404
    (édition critique et traduction de texte inédit)*, in: *Mémoire dominicaine* 2
    (Printemps 1993), S. 149–192.

nach Ferrers Zuhörern, wahrscheinlich seit fast 500 Jahren das erste Publikum, das in ihren Genuß kommt[33].

Hier und heute will ich jedoch mit einer besonderen Fragestellung an die von Vinzenz Ferrer in Freiburg gehaltenen Predigten herangehen. Man kann nämlich in der Literatur immer wieder lesen, daß Vinzenz Ferrer, nicht nur in Freiburg, sondern ganz allgemein auf seinen Predigtreisen, ganz in der Tradition des Dominikanerordens gegen die Häretiker und insbesondere gegen die Waldenser gepredigt habe[34]. Dieser Irrtum – ich nehme mein Resultat voraus – läßt sich nicht zuletzt auf jenen bereits zitierten Brief zurückführen, welchen Ferrer am 17. Dezember 1403 von Genf aus an seinen Generalobern gerichtet hat. Er schreibt, daß er demnächst in die Diözese Lausanne gehen würde, wo die Leute, besonders diejenigen auf dem Land, die Sonne anbeteten. Der Bischof von Lausanne habe einen Weg von zwei bis drei Tagereisen auf sich genommen, um zu ihm zu kommen und ihn zu bitten, sein Bistum zu besuchen, wo es im Grenzgebiet zwischen Alemannien und Savoyen viele Täler mit höchst gefährlichen und hartnäckigen Ketzern gebe. Er baue aber, schreibt Ferrer, auf Gottes gewohnte Hilfe und gedenke, in der bevorstehenden Fastenzeit dort zu predigen[35].

---

33 Ich gedenke, zusammen mit meinem Lausanner Kollegen Jean-Daniel Morerod die ganze Reihe in den nächsten Jahren neu herauszugeben, zusammen mit anderen Quellenstücken, auch neu aufgefundenen, welche die Predigtreise Vinzenz Ferrers in der Diözese Lausanne betreffen.

34 Brettle, *Vincente Ferrer* (wie Anm. 31), S. 51, 200 («In der Schweiz bekämpfte er die Waldenser»); *Histoire des saints 7* (wie Anm. 2), S. 250; Hodel, *Sermons* (wie Anm. 32), S. 150. Siehe auch Gorce, 1924 (wie Anm. 15), S. 176ff., und Gorce, 1935 (wie Anm. 15), S. 105ff.; Rusconi, *L'attesa* (wie Anm. 10), S. 221. Vorsichtiger: Jörg, *Untersuchungen*, S. 10 Anm. 4; Pierrette Paravy, *De la chrétienté romaine à la Réforme en Dauphiné. Évêques, fidèles et déviants (vers 1340–vers 1530)* (Collection de l'École française de Rome, 183) 2 Bde., Roma 1993; Bd. 1, S. 343–355, insbes. S. 354.

35 Fages, *Notes et documents* (wie Anm. 3), S. 111: «... in brevi habeo intrare Lausanensem Diecesim(!), ubi communiter manifeste adorant Solem sicut Deum, maxime rustici, exhibendo ei de mane suas orationes, reverenter et faciendo(?). Nam ipsemet episcopus Lausanensis bene per duas aut per tres dietas venit ad me humiliter, obsecrando ex corde quod suam Diecesim visitarem, ubi sunt multe valles hereticorum in confinibus Alemannie et Sabaudie, quod et promisi. Audivi autem, quod heretici illarum vallium sunt nimis temerarii et audaces. Sed confidens de Dei misericordia consueta intendo ibi esse et per tempus

Wir müssen heute den Sonnenkult beiseite lassen und uns den
«gefährlichen» Häretikern an der Grenze der Diözese Lausanne zu Alemannien zuwenden. Der Bischof von Lausanne, Guillaume de Menthonay
(1394–1406), muß gewußt haben, daß es damals in Freiburg Waldenser gab,
denn er hatte selbst Anfang Dezember 1399 auf Bitten der Stadtregierung
den Inquisitor Humbert Franconis dorthin geschickt. Der Prozeß hatte
zwar Ende Dezember 1399 mit einer Pleite für die Inquisition und mit
einem Freispruch für die rund fünfzig angeklagten Waldenser geendet[36],
aber die Sekte hat in Freiburg trotzdem bestanden und fortbestanden, denn
1430 wurde ihr wiederum – und diesmal mit «Erfolg» – der Prozeß
gemacht. Aus den Prozeßakten von 1430[37] läßt sich, wie wir noch sehen
werden, mit Sicherheit erschließen, daß es auch 1404, als Vinzenz Ferrer
die Stadt besuchte, in Freiburg Anhänger dieser Sekte gegeben hat. Wenn
irgendwo, dann müßte Vinzenz Ferrer seine Predigt also hier gegen sie und
ihre häretische Lehre gerichtet haben. Hat er das wirklich getan?

Die erste Freiburger Predigt, gehalten am Sonntag Mittfasten (9. März
1404), handelt von den acht Arten des Betens. Sie scheint auf den ersten
Blick nicht sonderlich interessant, weshalb Sigismund Brettle ihre Transkription mir überlassen hat. Auf den zweiten Blick wird sichtbar, daß sie
sehr konsequent auf Vinzenz Ferrers Hauptanliegen hinführt, die Buße
(lat. «penitencia»), zu welcher auch das Beten gehört[38]. Die Predigten Nr.
2–5, ediert von Brettle, haben die vier Gefahren des Jüngsten Gerichts zum
Gegenstand. Die erste Gefahr bildet der Antichrist, der dem Jüngsten
Gericht vorausgeht. Er bewirkt, daß wir «Gott, die selige Jungfrau, alle
Heiligen, die Artikel des Glaubens und alle kirchlichen Sakramente
ableugnen» («Antichristus faciet abnegare Deum, beatam virginem, omnes
sanctos, articulos fidei ac omnia ecclesiastica sacramenta»)[39]. Eher als an die
Waldenser erinnert uns diese Definition an die «Untaten», welche man
neben anderen später den Hexen und Hexern zur Last legte, und dies umso
mehr, als in der gleichen Predigt auch noch von «incubi» und «succubi»,

---

instantis quadragesime predicare ... ». Zu diesem Brief, dessen Original verloren
scheint, siehe auch Fages, *Histoire* 1 (wie Anm. 15), S. 128.

36 Kathrin Utz Tremp, *Der Freiburger Waldenserprozeß von 1399 und seine bernische Vorgeschichte*, in: *Freiburger Geschichtsblätter* 68 (1991), S. 57–85.

37 Kathrin Utz Tremp, *Richard von Maggenberg und die Freiburger Waldenser
(1399–1439). Ein Werkstattbericht*, in: *Deutsches Archiv für Erforschung des Mittelalters* 47 (1991), S. 509–558.

38 Franziskanerkloster Freiburg, Cod. 62, fol. 46r–47v, siehe auch fol. 69v.

39 Ebda., fol. 51r; Brettle, *Vincente Ferrer* (wie Anm. 31), S. 178.

von Rebellen sowie von Hellsehern und Hellseherinnen («divi» und «dive»)
die Rede ist, welche die Dämonen anrufen[40]. Zwar zweifelten auch die
Waldenser an der Wirksamkeit der Fürbitten der Jungfrau Maria und der
Heiligen, aber doch nicht an Gott, den Glaubensartikeln und an allen
kirchlichen Sakramenten[41]. Es könnte sein, daß hier die theoretischen
Grundlagen zu einer Vorstellung gelegt wurden, welche die Gemüter in
Freiburg und in der ganzen Westschweiz erst seit den dreißiger Jahren des
15. Jahrhunderts beunruhigen sollte: die Vorstellung von der Bedrohung
der Gesellschaft durch eine gut organisierte Sekte von Anhängern und
Anhängerinnen des Teufels[42]. Andernorts scheint Ferrers Predigt diesbezüglich bereits früher Früchte gezeitigt zu haben: Pierrette Paravy hat
darauf hingewiesen, daß in der Dauphiné, wo Ferrer, wie wir gehört
haben, in den Jahren 1399–1403 gepredigt hat, die Hexenjagd bereits in den
Jahren 1415–1420 einsetzte[43].

Doch kehren wir nach Freiburg und zu Vinzenz Ferrers erster Antichristpredigt zurück. Es stellt sich die Frage, wann denn der Antichrist
kommen würde. Sicher ist für Ferrer nur, daß kein Mensch dies wissen
kann und soll (nach Act. 1, 7: «Non est vestrum nosse tempora vel
momenta»), daß es aber angesichts der herrschenden schismatischen
Zustände in Kürze («in brevi») sein würde[44]. Das gleiche gilt, laut der zweiten Antichristpredigt (Nr. 3 der ganzen Reihe), auch vom Ende der Welt[45].
Daß die Wiederkunft Christi und die allgemeine Auferstehung nicht mehr
ferne seien, geht, laut der dritten Antichristpredigt (Nr. 4 der ganzen

---

40 Franziskanerkloster Freiburg, Cod. 62, fol. 51v, 52r, 52v; Brettle, *Vincente
    Ferrer*, S. 178, 180.

41 Gabriel Audisio, *Les «Vaudois». Naissance, vie et mort d'une dissidence (XIIᵉ–XVIᵉ
    siècles)*, Torino 1989, insbes. S. 59.

42 Bernard Andenmatten, Kathrin Utz Tremp, *De l'hérésie à la sorcellerie: l'inqui-
    siteur Ulric de Torrenté OP (vers 1420–1445) et l'affermissement de l'inquisition en
    Suisse romande*, in: ZSKG 86 (1992), S. 69–119.

43 Paravy, *De la chrétienté romaine* (wie Anm. 34), Bd. 1, S. 354. Siehe auch Pier-
    rette Paravy, *Remarques sur les passages de saint Vincent Ferrier dans les vallées
    vaudoises*, in: *Croyances religieuses et sociétés alpines*. Actes du Colloque de
    Freissinières 15, 16 et 17 octobre 1981, *Bulletin de la Société d'Etudes des Hautes-
    Alpes* (1985–1986), S. 143–155.

44 Franziskanerkloster Freiburg, Cod. 62, fol. 53r; Brettle, *Vincente Ferrer* (wie
    Anm. 31), S. 181.

45 Franziskanerkloster Freiburg, Cod. 62, fol. 53r–55r; Brettle, *Vincente Ferrer*
    (wie Anm. 31), S. 181–184.

Reihe) daraus hervor, daß es immer mehr «Antichristi» gibt und daß der
Antichrist immer schlimmere Werke vollführt.

Eines dieser Werke besteht darin, daß der Antichrist «Irrtümer gegen
den katholischen Glauben sät». Hier haben wir nun endlich die Häresie,
gegen welche Vinzenz Ferrer von Genf aus ausgezogen war, doch ist der
Abschnitt enttäuschend kurz ausgefallen! Ferrer scheint sich im Kreis zu
bewegen, wenn er sagt, daß heute viele «Antichristi» Häretiker seien, und
umgekehrt, daß alle am katholischen Glauben Irrenden «Antichristi» und
Söhne der ewigen Verdammnis seien, es wäre denn, sie täten Buße[46]. Hier
kommt zum ersten Mal in unserer Reihe das «Penitenciam igitur agite», das
uns noch aus dem Roman und dem Film «Der Name der Rose» schauerlich
im Ohr klingt[47]. Ferrer benützt zwar die Gelegenheit, zur Buße aufzuru-
fen, er läßt aber die Gelegenheit, darauf hinzuweisen, daß der Antichrist in
Form der Häresie in Freiburg 1404 – fünf Jahre nach dem ersten Waldenserprozeß – besonders nahe sei, völlig ungenutzt verstreichen!

Ein anderes Werk des Antichrist ist, daß die weltlichen Autoritäten sich
immer mehr in geistliche Angelegenheiten einmischten und die Priester
wegen ihrer Konkubinen straften oder weil sie vielleicht nicht ganz so
ehrenhaft und fromm lebten, wie sie eigentlich sollten. Das Benehmen der
Priester, wie schlecht es auch sei, gehe die Weltlichen nichts an. Dagegen
dürften und sollten die weltlichen Obrigkeiten sich sehr wohl bei den
Konkubinen, die ihrer Jurisdiktion unterstünden, einmischen und sie
bestrafen, einkerkern oder verbannen[48]. Aus dieser Attacke könnte man

---

46 Franziskanerkloster Freiburg, Cod. 62, fol. 56v: «Secundum opus Antichristi est
    seminare errores contra fidem katholicam. Certe multi tales Antichristi moder-
    nis temporibus sunt heretici, multos errores et falsas credulitates in fide katho-
    lica < seminantes >. Omnes enim tales in fide katholica errantes Antichristi
    sunt et filii dampnacionis perpetue, nisi peniteant: 'Penitenciam igitur agite', ut
    deleantur peccata vestra (Mt. 3°)». Brettle, *Vincente Ferrer* (wie Anm. 31), S.
    186.

47 Umberto Eco, *Der Name der Rose*. Aus dem Italienischen von Burkhart Kroe-
    ber, München/Wien [2]1982, S. 64ff.

48 Franziskanerkloster Freiburg, Cod. 62, fol. 57r: «Item aliqui seculares seu recto-
    res intromittunt se de puniendo sacerdotes propter concubinas ipsorum, vel
    quia forte non ita honeste et devote vivunt, sicut deceret. Dico, quod tales
    Antichristi sunt et de sacerdotibus se intromittere non debent, quantumcumque
    sint mali. Sed de concubina(!) rectores alicuius ville vel patrie se intromittere
    possunt, quia subsunt potestati et iurisdictioni ipsorum, et ideo deberent eas

direkt schließen, daß Vinzenz Ferrer doch in Bern gepredigt hat, denn genau dies ist dort ein Jahr später, 1405, geschehen, als man die «Pfaffendirnen» in den Zeitglockenturm sperrte. Die «Pfaffen» selber mußte man unbehelligt lassen, denn diese wandten, ganz im Sinne Ferrers, ein, «die leyen hetten sie nützit ze straffen noch ze wisen»[49].

Ein letztes Werk des Antichrists besteht darin, daß er die «Juden erhebt» («Iudeos exaltabit»). Ferrer geht soweit zu behaupten, daß die Juden an vielen Orten privilegierter seien als die Christen. Die Juden sollten nur gerade vor Unrecht geschützt, aber keinesfalls in irgendeiner Weise bevorzugt werden. Sie sollten das für die Christen bestimmte Fleisch nicht berühren noch eine gemeinsame Fleischbank mit ihnen haben. Sie sollten, zumindest auf dem öffentlichen Markt, auch nichts anderes anfassen, was für den Gebrauch der Christen verkauft würde. Ihre Einkäufe sollten sie nur an einem gesonderten Ort und zu einer bestimmten Zeit tätigen dürfen. Für ihre Säuglinge sollten sie keine christlichen Ammen haben, denn diese gefährdeten damit ihr eigenes Seelenheil. Die Juden sollten auch keine christlichen Dienstboten in ihren Häusern halten, zumindest nicht solche, die auch über Nacht bleiben mußten; dagegen durften sie Werkleute wie Steinmetzen und Zimmerleute am Tag beschäftigen, ebenso auf ihren Feldern Arbeiter und Bauern. Weiter sollten die Juden sich in ihrer Kleidung von den Christen unterscheiden. Deshalb sollten die Männer auf der Brust ein Rondell aus rotem Tuch tragen, zum Zeichen ihrer geheimen Beschneidung, damit sie sich nicht mit den Christen und insbesondere den christlichen Frauen vermischen könnten. Die jüdischen Frauen sollten das (gleiche?) Zeichen am Kopf, über der Stirn tragen[50].

---

punire, incarcerare vel a propria bannare». Brettle, *Vincente Ferrer* (wie Anm. 31), S. 187.

49 *Die Berner-Chronik des Conrad Justinger*, hg. von Gottlieb Studer, Bern 1871, S. 194 Kap. 321: «Daz der pfaffen dirnen gevangen wurden. Do man zalte von gots geburt MCCCCV jar, warent vil pfaffendirnen im land. Nu hetten die von Bern gern gesehen, daz die pfaffen die dirnen von inen gelassen hetten. Do sprachent die pfaffen, die leyen hetten sie nützit ze straffen noch ze wisen. Do gebutten aber die von Bern allen pfaffendirnen, daz si von den pfaffen kerten, bi einer pene. Also kerten sie von inen etzwaz zites. Zehant kerten si wider umb. Do hies man die pfäffischen alle vachen, und wurden in die kebin geleit, daz nu der zitglogenturn ist ...»

50 Franziskanerkloster Freiburg, Cod. 62, fol. 57r: «Quartum opus est, quod Antichristus exaltabit Iudeos. Nam in detrimentum fidei katholice in multis locis sunt magis exaltati et privilegiati quam Christiani, quod est magnum pec-

Das Auffallendste an dieser Judenhetze sind die Berührungsängste, die hier aufgebaut werden, die strikte Trennung der Lebensmittel, alles dessen, was man in den Mund nimmt, die Muttermilch nicht ausgenommen; das Verbot, in einem jüdischen Haus zwar nicht den Tag, wohl aber die Nacht zu verbringen; die Bezeichnung der Juden mit einem roten Rondell, mit der ausdrücklichen Begründung, daß die jüdischen Männer sich nicht an den christlichen Frauen vergreifen könnten: All dies scheint uns typisch für eine zweite Phase und einen zweiten gesteigerten Grad der Judenverfemung, nach der großen Verfolgung um die Mitte des 14. Jahrhunderts und vor der endgültigen Vertreibung der Juden aus den Städten des Reichs in der ersten Hälfte des 15. Jahrhunderts[51]. In Freiburg brauchte man übrigens die Juden nach der Predigt Vinzenz' Ferrers nicht erst zu bezeichnen,

---

catum et probat esse multos Antichristos. Notandum igitur, quod Iudei precise et dumtaxat ab iniuria defendi debent, et non debet eis dari favor aut consensus, qui quomodolibet cedere posset in detrimentum honoris Dei et fidei katholice. Item quod non tangant carnes Christianorum nec habeant maccellum cum eis. Item nec tangant quidquam aliud, quod venditur in usum Christianorum, saltim in communi foro. Ad partem et dum tempus fuerit eis deputatum, tunc poterunt emere vite neccessaria. Item non habeant nutrices christianas pro pueris suis, nam omnes tales dampnate sunt, dantes lac in baptismate sacro cum personis Iudeorum. Item non habeant servitores christianos in domibus suis, saltim qui ibidem pernoctent; alios vero operarios, ut puta lathomos, carpentarios etc., in die habere possunt. In campis eciam ipsorum laboratores et agricolas continue habere possunt. Item debent esse in vestimentis ipsorum distincti a fidelibus. Et ideo homines debent portare circulum de panno rubeo in pectore in signum circumcisionis secrete, nam quando non sunt singnati(!), commiscent se christianis, specialiter mulieribus, et faciunt multa mala. Mulieres eciam Iudee signum portare debent in capite, videlicet desuper frontem ...» Brettle, *Vincente Ferrer* (wie Anm. 31), S. 187. Ein direktes Echo auf eine solche Predigt in Genf bei Renata Segre, *Ginevra e il Vaud nella politica ebraica di casa Savoia (sec. XIV–XV)*, in: *Shlomo Simonsohn Jubilee Volume. Studies in the History of the Jews in the Middle Ages and Renaissance Period*, Tel Aviv 1993, S. 191–212, 210 (freundlicher Hinweis von Jean-Daniel Morerod).

51 Frantisek Graus, *Pest – Geißler – Judenmorde. Das 14. Jahrhundert als Krisenzeit* (Veröffentlichungen des Max-Planck-Instituts für Geschichte, 86), Göttingen 1987; Markus J. Wenninger, *Man bedarf keiner Juden mehr. Ursachen und Hintergründe ihrer Vertreibung aus den deutschen Reichsstädten im 15. Jahrhundert* (Archiv für Kulturgeschichte, Beihefte 14) Köln/Wien/Graz 1981. Zur Situation der Juden in Freiburg siehe Catherine Agustoni, Michel Colliard, Hubert Foerster, *Les Juifs en pays de Fribourg*, Fribourg 1987.

das war hier bereits ein Jahr früher geschehen, und zwar mit einem Rondell, das halb weiß und halb rot war. Im gleichen Zug hatte man ihnen
auch das Berühren der Lebensmittel verboten, und den Metzgern den Ver-
kauf und die Weiterverwertung von Tieren, die nach den jüdischen Vor-
schriften geschlachtet worden waren. Man kann Ferrer wohl nicht dafür
verantwortlich machen, daß den Juden in Freiburg 1413 und wieder 1422
der Gebrauch der eigenen Sprache in rechtlichen Dingen untersagt wurde,
daß sie seit Anfang der zwanziger Jahre in der Karwoche nicht mehr ausgehen konnten, ohne sich an Leib und Leben zu gefährden, und daß schließlich 1428 der letzte Jude in Freiburg hingerichtet wurde[52]. Die Entwicklung hatte bereits vor der Predigtreise Ferrers eingesetzt und wäre wohl
auch ohne ihn so verlaufen, aber es wird die Freiburger in der eingeschla-
genen Richtung bestärkt haben, daß der berühmte Prediger ins gleiche
Horn stieß.

Wir stellen also fest, daß Vinzenz Ferrer in Freiburg nicht gegen die
Häresie gepredigt hat. Um herauszufinden, gegen was er dann gepredigt
hat, müssen wir ihn und Friedrich von Amberg noch nach Murten begleiten, wo er am Freitag und Samstag, dem 14. und 15. März 1404, je eine
Predigt hielt. Am Freitag ging Ferrer davon aus, daß Christus in seinem
Leben nie gelacht habe, auch dies ein Motiv, welches uns spätestens seit
dem Roman «Der Name der Rose» brennend interessiert[53]. Wohl aber
habe Christus in seinem Leben fünfmal über uns und unser Elend geweint,
das erste Mal schon am Tag seiner Geburt, als man ihn in die Krippe legte
und er die ihn umstehenden Tiere sah. Zum zweiten Mal habe Christus bei
seiner Beschneidung geweint (ich erspare Ihnen die Einzelheiten und die
Auslegung), das dritte Mal über die Auferstehung des Lazarus (obwohl er
ihn, wenn ich mich richtig erinnere, selber zum Leben erweckt hat ...)[54].
Viertens habe Christus am Palmsonntag geweint, als er sich der Stadt Jerusalem näherte[55], und zwar über unsere Sünden, insbesondere über unseren

---

52 *Recueil diplomatique du canton de Fribourg* 6, S. 42 Nr. 354 (18. 5. 1403); 7, S.
37–38 Nr. 443 (27. 11. 1413, 19. 10. 1422), S. 87 Nr. 466 (12. 4.[?] 1420), S. 106
Nr. 472 (7. 10. 1420); Staatsarchiv Freiburg, Seckelmeisterrechnung 52bis
(1428/II), p. 5. Zum Zusammenhang zwischen Juden- und Ketzerverfolgung
siehe Dietrich Kurze, *Häresie und Minderheit im Mittelalter*, in: *Historische Zs.*
229 (1979), S. 529–573, 553.

53 Eco, *Name der Rose* (wie Anm. 47), S. 169, 206, 602ff.

54 Franziskanerkloster Freiburg, Cod. 62, fol. 64r, 65r, 65v.

55 Aus neutestamentlicher Sicht interpretiert das Weinen Christi über Jerusalem:
Max Küchler, *Die «Füße des Herrn» (Eus., de 6, 18). Spurensicherung des abwesen-*

Geiz und den Wucher, den wir betreiben. Hier gibt Ferrer den Leuten, welche Geld brauchen, den guten Rat, lieber zu den Juden zu gehen, die ohnehin verdammt seien, und nicht einem Chri-sten Grund zur ewigen Verdammung zu geben. «Aber oh weh», fährt er fort, «heute gibt es soviele schlechte Christen, welche Wucher betreiben, daß die Juden fast nichts mehr verdienen!»[56].

Am nächsten Tag, immer noch in Murten, wird Ferrer noch deutlicher. Wucher ist für ihn auch, wenn man von 20 Schilling einen nimmt, also die längst gängigen 5 Prozent, denn nach seiner Ansicht darf man auch von 1000 Pfund, über hundert Jahre ausgeliehen, keinen einzigen Denar neh-men[57]! Vinzenz Ferrer hält also an einem absoluten Zinsverbot fest, während die offizielle Kirche doch um einiges kompromißbereiter war[58]. Entsprechend gibt es denn auch für Ferrer zur Rettung der wucherischen Seele kein anderes Mittel als die vollständige Restitution, welche er mit einer «purgacio» oder «laxacio» im medizinischen Sinn vergleicht, eine wahrlich

---

den Kyrios an Texten und Steinen als Aufgabe der historisch-kritischen Exegese, in: Jerusalem. Texte – Bilder – Steine, hg. von Max Küchler und Christoph Uehlinger zum 100. Geburtstag von Hildi und Othmar Keel-Leu (Novum testamentum et orbis antiquus, Bd. 6), Freiburg/Göttingen 1987, S. 11–35, insbes. S. 18–22.

56 Franziskanerkloster Freiburg, Cod. 62, fol. 66v: «Ideo hominibus pecuniam indigentibus consilium do, ut vadant ad Iudeos, qui absque hoc sunt dampnati, et non des causam christiano sue perpetue dampnacionis, accomodando ab eo ad usuram. Sed heu, tot sunt modo mali christiani usurarii, quod Iudei modo nihil lucrantur!» Zum Argument, daß die Juden ohnehin schon verdammt seien, welches bereits älter zu sein scheint, siehe Hans-Jörg Gilomen, *Wucher und Wirtschaft im Mittelalter*, in: *Historische Zs.* 250 (1990), S. 265–301, 274.

57 Franziskanerbibliothek Freiburg, Cod. 62, fol. 68v–69r: «Sic faciunt mercatores aliqui et usurarii, recipientes pecuniam de mutuo, dicentes: Domine, nonne sic uti deberem pecuniis meis, non peto usuram, sed accomodavi xx ß annuatim pro uno, et alibi possem habere maiorem utilitatem. Dico tibi, quod pura usura est, quia per centum annos de mille libris non deberes recipere unum denarium!»

58 Hans-Jörg Gilomen, *Kirchliche Theorie und Wirtschaftspraxis. Der Streit um die Basler Wucherpredigt des Johannes Mulberg*, in: *Kirchengeschichte und Allgemeine Geschichte der Schweiz. Die Aufgabe der Helvetia Sacra.* Referate, gehalten am Schweizerischen Historikertag, Bern, 25. Okt. 1985 (Itinera, 4), Basel 1986, S. 34–62, insbes. S. 44f.

bittere Medizin für eine tief im Herzen des Menschen verwurzelte Krankheit[59].

Vinzenz Ferrer hat also nicht gegen die Häresie, sondern gegen jede Art von Wucher gepredigt. Der Kampf gegen den Wucher aber war, wie Thomas Bardelle und Jean-Daniel Morerod kürzlich am Beispiel von Lausanne gezeigt haben, eines der großen Anliegen des avignonesischen Papsttums[60]. Dieser Kampf, der nicht zuletzt mit der Waffe der Mendikantenpredigt geführt wurde, hat Wirkungen gezeitigt, nicht nur in Lausanne – wir kommen darauf zurück –, sondern auch in Freiburg. Hier haben wir nämlich in den Notariatsregistern des Richard von Fülistorf (1377–1425) ein Dokument gefunden, womit Petermann von Berverschiet und seine Frau Margareta am 7. April 1410 bekennen, daß der Zimmermann Wilhelm von Balterswil Margaretas verstorbenem Bruder, dem Schneider Hensli von Heitenwil, 60 Pfund Lausanner Währung schuldig gewesen sei. Da nun aber Hensli von Heitenwil in seinem Testament angeordnet habe, daß allen, welchen er vor der Ankunft des guten Predigers Vinzenz Ferrer sein Geld zu Wucherzinsen geliehen habe, nämlich 20 Schilling für 2 Schilling, von jener Zeit an von jedem Pfund 12 Denar nachzulassen seien, erlassen die genannten Eheleute dem genannten Wilhelm von Balterswil im Sinn einer Buße («nomine emende») von seiner Schuld 12 Pfund. Ebenso muß Hensli von Heitenwil in seinem Testament dem Mimen Cono Blümelli und seiner Frau irgendeine Schuld erlassen haben, denn diese stellten gleichentags dessen Erben eine Quittung über die Wucherzinse aus, welche der verstorbene Hensli von ihnen unrechtmäßig und durch «wucherische Bosheit» («usuraria pravitas») erpreßt habe[61]. Bei den vorliegenden Dokumen-

---

59 Franziskanerkloster Freiburg, Cod. 62, fol. 70r.

60 Thomas Bardelle, Jean-Daniel Morerod, *La lutte contre l'usure au début du XVe siècle et l'installation d'une communauté juive à Lausanne*, in: *Etudes de lettres. Revue de la faculté des lettres de l'Université de Lausanne* (1992/4), S. 3–20, 14, siehe auch S. 19 Anm. 64. Zum Wucher allgemein siehe Jacques Le Goff, *La bourse et la vie. Economie et religion au Moyen Age* (Textes du XXe siècle), Paris 1986.

61 Wir geben im Anhang das ganze Dossier Staatsarchiv Freiburg, Notariatsregister 16, fol. 151r–v (7. 4. 1410), wieder, welches zusätzlich und an erster Stelle noch eine Quittung des Zimmermanns Wilhelm von Balterswil für 15 Pfund enthält, welche er von Margareta von Altreu, Frau Petermanns von Berverschiet, bekommen hat. – Ein ähnlicher Akt der Reue und Buße könnte übrigens im Fall des Kunzinus Halbsater von Bösingen stattgefunden haben, der am 15. Juli 1404, also ganz kurz nach Ferrers Besuch, in seinem Testament mehrere

ten handelt es sich nur um die Ausführungsklauseln eines Testaments, das Testament selbst haben wir nicht gefunden; aber hier muß, wohl auf einem Sterbebett, ein echter Akt der Reue und Buße stattgefunden haben, unter ausdrücklicher Berufung auf Vinzenz Ferrer, auch wenn dessen radikaler Forderung nach totaler Restitution mit den getroffenen Anordnungen keineswegs Genüge getan worden ist.

Eine ungleich größere Wirkung läßt sich noch früher für die Bischofsstadt Lausanne ausmachen, wo Vinzenz Ferrer im Jahr 1404 vor und nach seinem «Abstecher» nach Freiburg gepredigt hatte. Hier hat der Bischof Guillaume de Menthonay selbst nicht ganz einen Monat, nachdem Ferrer Anfang April 1404 die Stadt verlassen hatte, alle Bruderschaften verboten, welche Kreditgeschäfte betrieben[62]. Solche Bruderschaften hat es übrigens auch in Freiburg gegeben, wir denken insbesondere an die Heiliggeistbruderschaft; aber da sie praktisch eine Staatsbank war[63], konnte die kommunale Stadtregierung an ihrer Aufhebung nicht interessiert sein, und einen bischöflichen Stadtherrn, der diese hätte anordnen können, gab es in Freiburg nicht. Die Stadt Lausanne ihrerseits scheint durch die Abschaffung der bruderschaftlichen Kreditinstitute in Verlegenheit geraten zu sein und deshalb im Jahr 1408 erstmals eine kleine Kolonie von Juden angesiedelt zu haben[64], vielleicht aus der Ferrerschen Überlegung heraus – die ja den Lausannern ebenso gut bekannt sein konnte wie den Freiburgern –, daß es besser sei, zu den Juden zu gehen, die ohnehin verdammt seien ...

Geldlegate «nomine emende» machte (Staatsarchiv Freiburg, Notariatsregister 32, fol. 7r).

62 Bardelle, Morerod, *La lutte* (wie Anm. 60), S. 13, 15.

63 Nicolas Morard, *Une charité bien ordonnée: la confrérie du Saint-Esprit à Fribourg à la fin du Moyen Age (XIVe-XVe siècles)*, in: *Le mouvement confraternel au Moyen Age. France, Italie, Suisse*. Actes de la table ronde organisée par l'Université de Lausanne ..., Lausanne 9–11 mai 1985 (Collection de l'Ecole française de Rome, 97), Roma 1987, S. 275–296, insbes. S. 295. Als Staatsbank diente in Freiburg in gewissem Sinne auch das städtische Spital. Im Testament des Willinus Mossu, der selber in den zwanziger Jahren des 15. Jahrhunderts mehrfach das wichtige städtische Amt des Spitalverwalters innehatte, wird der Spitalverwalter geradezu als Bank- und Geldfachmann angesprochen, siehe Staatsarchiv Freiburg, Notariatsregister 32, fol. 100r–109r (13., 15. 11. 1431).

64 Bardelle, Morerod, *La lutte* (wie Anm. 60), S. 3ff.

Die Erinnerung[65] an Vinzenz Ferrer hat sich aber in Freiburg noch länger gehalten als nur bis 1410, als das Testament Henslis von Heitenwil eröffnet wurde. Im Verlauf des Waldenserprozesses von 1430 antwortete die verdächtigte Perrissona Bindo auf die Frage, ob sie jemals der Sekte der Waldenser angehört habe, daß ihre Schwiegermutter sie dort eingeführt habe, «kurz bevor Bruder Vinzenz in dieser Stadt predigte» («modicum antequam frater Vincencius predicasset in hac villa»)[66]. Man stelle sich vor: Eine Waldenserin datiert ausgerechnet ihre Konversion in Bezug auf den Predigtaufenthalt Ferrers in Freiburg und empfindet dabei keinen Widerspruch, etwa in der Form: Ich habe mich mit den Waldenserpredigern eingelassen, *obwohl* wenig später Vinzenz Ferrer hier gepredigt hat – ein Beweis mehr, daß Ferrers Predigt nicht gegen die Häresie gerichtet war. Aber auch sonst scheinen die Leute zwischen orthodoxen und häretischen Predigern keinen großen Unterschied gemacht zu haben; wichtig war ihnen eine gute Predigt («bon sermon»), ein guter Prediger («bonus predicator»); sie fanden die Prediger der Waldenser «so gut wie die andern» («ita boni sicut et ceteri») und verstanden eigentlich nicht so ganz, warum nur «die andern» so öffentlich predigen durften wie Vinzenz Ferrer, die Waldenserprediger aber nur des Nachts und nur in gewissen Häusern, deren Besitzer und Bewohner sich dadurch höchst verdächtig machten[67].

Es gibt vielleicht noch einen anderen, tieferen Grund, warum Vinzenz Ferrer sich in Freiburg nicht auf die Waldenser konzentriert hat, ein Grund, der ihm sicher nicht bewußt war, und eine Spekulation unsererseits, die er sicher weit von sich gewiesen hätte. Wir haben uns bisher immer nur gefragt, gegen was oder gegen wen Ferrer gepredigt hat (gegen

---

65 Eine kurzfristige Reminiszenz an Vinzenz Ferrer in Genf verzeichnet Louis Binz, *Les prédications «hérétiques» de Baptiste de Mantoue à Genève, en 1430*, in: *Pour une Histoire Qualitative. Etudes offertes à Sven Stelling-Michaud*, Genève 1975, S. 15–34, 20 Anm. 1. In der Dominikanerkirche von Lausanne wurde bereits 1457/1458 eine dem heiligen Vinzenz Ferrer (seliggesprochen 1455, heiliggesprochen 1458) geweihte Kapelle eingerichtet, siehe *Les monuments d'art et d'histoire du canton de Vaud*, Bd. 1, Basel 1965, S. 174, 179.

66 Staatsarchiv Freiburg, Geistliche Sachen 26, Nr. 48 (7. 5. 1430). Nummer der Erstedition, die wir vorbereiten und die in *MGH Quellen zur Geistesgeschichte des Mittelalters*, erscheinen wird.

67 Ebda., Nr. 16 (10. 8. 1429), Nr. 41 (5. 5. 1430), Nr. 119–121 (22. und 28. 6. 1430). Siehe auch Kathrin Utz Tremp, *Das Fegfeuer in Freiburg. Erste Annäherung an die Akten des Freiburger Waldenserprozesses von 1430*, in: *Freiburger Geschichtsblätter* 67 (1990), S. 7–30.

den Wucher, die Juden, vielleicht schon gegen die Hexen), nie aber positiv, wofür er denn eigentlich gepredigt hat. Die Antwort scheint banal: er hat zur Buße aufgerufen, er gilt nicht umsonst als großer Bußprediger und hat sich nicht umsonst mit Flagellanten umgeben und von ihnen begleiten lassen. In den 16 Predigten, welche wir vor uns haben, kommt, wenn der Computer richtig gezählt hat, das Wort «penitencia» rund dreißig Mal vor[68], und dieses Ergebnis wird durch die Untersuchungen an anderen Predigten Ferrers erhärtet[69]. Der Begriff und die Sache der Buße waren ihm so wichtig, daß er einmal, im Jahr 1391, sogar gepredigt haben soll, daß selbst Judas bereut und dadurch Verzeihung erlangt habe, eine Predigt, die ihm beinahe einen Häresieprozeß von seiten seines Ordensbruders und Inquisitors Nikolaus Eymeric eintrug[70].

Die Buße und das Bußsakrament standen aber auch im Zentrum der waldensischen Lehre. Der Verzicht darauf, der den Waldensern hundert Jahre später durch die Reformation abverlangt wurde, stürzte sie in eine regelrechte Identitätskrise[71]. Es liegt nun keineswegs in unserer Absicht, den Bußprediger Vinzenz Ferrer zu einem Waldenser zu machen, aber eine ganz entfernte Verwandtschaft zwischen den beiden Bewegungen scheint doch zu bestehen, und sei es nur in der Radikalität der Forderungen. Die Buße hatte hier und jetzt stattzufinden, in Freiburg in der Fastenzeit des Jahres 1404, sie konnte nicht auf irgendein fernes Fegefeuer verschoben werden. Entsprechend gering ist die Rolle, welche das Fegefeuer bei Vinzenz Ferrer spielt[72] – und die Waldenser haben es von jeher abgelehnt, eine

---

68 Franziskanerkloster Freiburg, Cod. 62, fol. 47v, 53v (zweimal), 56v, 62v, 63v, 69r, 69v (zweimal), 70r, 73r, 74r, 77r (zweimal), 77v (zweimal), 79r, 84v (zweimal), 87v (viermal), 94r (zweimal), 94v, 95v (zweimal).

69 *Histoire des saints* 7 (wie Anm. 2), S. 253: «La pénitence ... se trouve à juste titre au centre des préoccupations de Vincent Ferrier».

70 Brettle, *Vincente Ferrer* (wie Anm. 31), S. 41–43; Fages, *Notes et documents* (wie Anm. 3), S. 94f. Zu Nikolaus Eymerich siehe *Lexikon des Mittelalters* 4 (1989), Sp. 190f. (M. Romanello).

71 Gabriel Audisio, *Les vaudois du Luberon. Une minorité en Provence (1460–1560)* (Association d'Etudes Vaudoises et Historiques du Luberon), Mérindol 1984, insbes. S. 163, 181. Zur Radikalisierung der Bußforderung sowohl auf häretischer als auch auf orthodoxer Seite an der Wende vom 14. zum 15. Jahrhundert siehe Grado G. Merlo, *Eretici e inquisitori nella società piemontese del trecento*, Torino 1977, S. 31f.

72 Franziskanerkloster Freiburg, Cod. 62, fol. 57v, 64v, 65r, 76r. Siehe auch, in Bezug auf Berthold von Regensburg, Martina Wehrli–Johns, «*Tuo daz guote und*

Ablehnung, welche sich im Verlauf des 14. Jahrhunderts, parallel zur Pro-
pagierung dieses dritten Ortes durch die offizielle Kirche, noch verstärkt
hat[73]. Auch in diesem Punkt hätten sich Vinzenz Ferrer und die Waldenser
vielleicht ganz gut verstanden – wenn sie miteinander gesprochen hätten.

Wir können also sogar vermuten, daß die «gefährlichen» Waldenser Ferrer in Freiburg zu Füßen gesessen und zugehört haben. Wenn er es nicht
gemerkt hat, so weil er sie gar nicht hier, in der Stadt, vermutete, sondern –
ebenso wie die Sonnenanbeter – auf dem Land. Darauf weist bereits der
Ausdruck von den «Ketzertälern an der Grenze zu Alemannien» hin, den
er im Brief an seinen Generalobern aus Genf verwendet. Er stellte sich
offensichtlich etwas Ähnliches vor wie die Waldensertäler in den französischen und italienischen Alpen, in welchen er gepredigt hatte, bevor er die
Diözesen Genf und Lausanne aufsuchte. Dabei war ihm durchaus bewußt,
daß die Häresie in den Alpentälern nicht einem besonders rückständigen
Wesen ihrer Bewohner zuzuschreiben war, sondern der Abwesenheit von
Predigt und hoher Geistlichkeit, dem Absenteismus, der bewirkte, daß die
Bevölkerung auf die Predigt der Waldenserapostel geradezu angewiesen
war[74]. Was Vinzenz Ferrer dagegen in Freiburg vorfand, waren städtische
Verhältnisse und insbesondere eine blühende Wirtschaft. Hier konnte es
im Grund nur ein Hauptlaster geben, nämlich den Wucher, das städtische
Laster «par excellence». Ferrer konnte ja nicht wissen, was wir heute wis-

---

lâ daz übele» – Das Fegefeuer als Sozialidee, in: Himmel, Hölle, Fegefeuer. Das Jen-
seits im Mittelalter, Katalog von Peter Jezler, Zürich 1994, S. 47–58.

73 Kathrin Utz Tremp, Waldenser und Wiedergänger – Das Fegefeuer im Inquisiti-
onsregister des Bischofs Jacques Fournier von Pamiers (1317–1326), in: Himmel,
Hölle, Fegefeuer (wie Anm. 72), S. 125–134, 132f.

74 Fages, Notes et documents (wie Anm. 3), S. 110: «Causam reperi in eis precipuam
heresium et errorum, absentiam predicationum. Nam ut veraciter percepi ab
incolis illis, triginta annis erant elapsi quod nullus eis predicaverat, nisi Walden-
ses heretici, qui ad eos ideo consuetudinarie veniebant de Apulea bis in anno. Ex
quo considera, Reverende Magister, quanta sit culpa Prelatorum Ecclesie et
aliorum, qui ex officio seu sua professione habent talibus predicare, et potius
volunt in magnis civitatibus et villis conquiescere in pulchris cameris, cum suis
oblectamentis. Interim vero anime, pro quibus salvandis Christus mortuus est,
pereunt et defectu pabuli spiritualis, cum non sit, qui parvulis frangat panem.
Messis quidem multa, operarii autem pauci. Unde rogo Dominum messis, ut
mittat operarios in messem suam.»

sen, daß die Freiburger Waldenser die letzten städtischen Waldenser in
Europa waren[75].

---

75 Susan K. Treesh, *Europe's Peasant Heretics: The Waldensians, 1375–1550*, Diss.
   masch. New Brunswick N. J. 1988, S. 48, 114. Unser Ergebnis, daß Ferrer nicht
   gegen die Waldenser gepredigt hat, kann deshalb nur für Freiburg gelten, nicht
   aber, zumindest bis eigene Untersuchungen vorliegen, für die Waldenser im
   Piemont und in der Dauphiné.

Anhang

Schulderlasse unter dem Eindruck von Vinzenz Ferrers Predigt in Freiburg

1

1410, April 7

Der Zimmermann Wilhelm von Balterswil stellt eine Quittung über 15 Pfund aus, die er von Margareta von Altreu, Frau Petermanns von Berverschiet und Universalerbin ihres verstorbenen Bruders Hensli von Heitenwil, als Buße (nomine emende) bekommen hat.

Staatsarchiv Freiburg, Notariatsregister 16, fol. 151r

Willelmus de Balterswile, carpentator, burgensis de Friburgo, confitetur habuisse et recepisse nomine emende a Marguereta de Altrúwa, uxore Petermanni de Berverschiet, tamquam herede universali Henslini de Heitenwile, fratris dicte Marguerete quondam, quindecim libras bonorum Lausannensium. Quare predictus Willelmus de Balterwile quitat imperpetuum pro se et suis heredibus prefatam Marguaretam de Altrúwa ac Niclinum de Heitenwile tamquam executorem testamenti predicti quondam Henslini de Heitenwile, patrui sui, et eorum heredes, quemlibet ipsorum insolidum, super universis et singulis bonis, rebus et tota hereditate dicti quondam Henslini de Heitenwile mobilibus et immobilibus quibuscumque, necnon super omnibus et singulis actionibus, petitionibus etc., sibi competentibus aut competere debentibus contra prefatam Margueretam aut contra predictum Niclinum tamquam executorem aut eorum heredes coniunctim vel divisim seu bona eorundem tam ratione premissorum quam ex quacumque alia causa, a toto tempore retroacto etc. Facit pactum reale etc. Volens etc. Promittit per suum iuramentum, non contrafacere etc. Testes Henslinus de Thúdingen, domicellus, et U^ellinus Bu^ocher, vexillifer, burgenses de Friburgo. Fiat littera ad dictamen sapientum. Laudatum est vii^{ma} die mensis Aprilis anno domini m° cccc° decimo.

2

Petermann von Berverschiet und seine Frau Margareta erlassen dem Zimmermann Wilhelm von Balterswil 12 Pfund und 60 Schilling von einer Summe von 60 Pfund, welche Hensli von Heitenwil, der verstorbene Bruder der Margareta, diesem geliehen hatte. In seinem Testament hatte Hensli von Heitenwil nämlich verfügt, daß all denen, welchen er sein Geld vor der Ankunft des Predigers Vinzenz (Ferrer) zu Wucherzinsen, nämlich zu 2 Schilling von 20 Schilling, geliehen hatte, von jedem Pfund 12 Denare zu erlassen seien.

Staatsarchiv Freiburg, Notariatsregister 16, fol. 151r

Petermannus de Berverschiet, residens Friburgi, et Marguereta, eius uxor, cum auctoritate dicti viri sui, confitentur, quod cum predictus Willelmus de Balterswile, carpentator, burgensis de Friburgo, teneatur et sit obligatus prefato Henslino de Heitenwile et sibi dicte Marguerete de Altrúwa successive tamquam heredi suo universali in sexaginta libris bonorum Lausannensium secundum tenorem littere inde confecte; verum cum prefatus Henslinus de Heitenwile in suo testamento ordinaverit, quod omnibus, quibus ante adventum venerabilis viri fratris Vincentii, boni predicatoris, pecunias suas concesserit ad usuras, videlicet singulos viginti solidos Lausannensium pro duobus solidis Lausannensium, quod illis ab isto tempore citra dimittatur et dimitti debeat de qualibet libra duodecim denarios Lausannensium tantum: unde concordatum est inter dictos coniuges et dictum Willelmum de Balterswile, quod predicti coniuges tenentur deducere dicto Willelmo tempore solutionis de dictis sexaginta libris Lausannensium scilicet duodecim libras Lausannensium nomine emende et sexaginta solidos Lausannensium pro primo censu secundum tenorem testamenti predicti Henslini; et sic restant adhuc quadraginta et octo libre Lausannensium ad solvendum de dictis sexaginta libris Lausannensium, et etiam census ob inde debitus, a proximo futuro festo Inventionis sancte crucis inantea, quamdium dicte quadraginta et octo libre steterint insolute. Fiat firma littera ad dictamen sapientum. Testes qui supra. Laudatum est ut supra.

3

1410, April 7

Der Mime Cono Blümelli und seine Frau Anna stellen der Margareta von Altreu, Universalerbin des Schneiders Hensli von Heitenwil, ihres verstorbenen Bruders, gegen erhaltene gute Entschädigung eine Quittung über alle Wucherzinse aus, die Hensli durch «wucherische Bosheit» von ihnen erpreßt hatte.

Staatsarchiv Freiburg, Notariatsregister 16, fol. 151v

Cono Blu^{e}melli, mimus, et Anna, eius uxor, residentes Friburgi, videlicet dicta Anna cum auctoritate dicti viri sui, quitant imperpetuum pro se et eorum heredibus Margueretam de Altrúwa, heredem universalem Henslini de Heitenwile, sartoris, quondam fratris eiusdem Marguerete, et Niclinum de Heitenwile tamquam executorem testamenti eiusdem Henslini, et eorum heredes super omnibus et singulis bonis, rebus atque usuris, per dictum Henslinum a dictis coniugibus illicite et per usurariam pravitatem extortis quoquomodo, necnon super omnibus et singulis actionibus, petitionibus etc., sibi competentibus contra predictos Margueretam et Niclinum aut eorum heredes seu bona eorundem a toto tempore retroacto etc., tam ratione premissorum quam ex quacumque alia causa etc., videlicet pro bona satisfactione habita etc. Facientes pactum reale etc. Promittunt per eorum iuramenta, non contrafacere etc. Testes Henslinus de Thúdingen, domicellus, et U^{e}llinus Bu^{o}cher, falcifex, burgenses de Friburgo. Laudatum est vii^{ma} die Aprilis anno domini millesimo cccc^o decimo.

Ein noch nicht gehobener Schatz

Die Exemplasammlungen der Freiburger Franziskanerbibliothek

von Ernst Tremp

Der Franziskaner Johannes von Winterthur berichtet in seiner Chronik zum Jahr 1343 von einem soeben bekanntgewordenen Familiendrama im Freiburgerland. In der Gegend von Estavayer sei ein wohlhabender Bauer durch die Schuld seines Herrn in bittere Armut gefallen. Hilfesuchend habe er sich an seinen ältesten, erwachsenen Sohn gewandt und ihn um den Lebensunterhalt oder um wenigstens eine Kuh gebeten. Als dieser ihn abwies, führte er ihm dennoch, von Hunger getrieben, heimlich eine Kuh fort. Der Sohn war ihm gefolgt, packte ihn mitsamt dem Diebesgut und schleppte ihn vor den Richter. Alles Zureden des herbeigeeilten jüngeren Bruders und des Richters fruchtete nichts, der Sohn beharrte auf seinem Recht und zwang den Richter, den Vater nach dem Gesetz zum Tod durch den Strang zu verurteilen. Um dem Vater das Leben zu retten, beschloß das anwesende Volk auf Vorschlag des Henkers, daß der schlimmste Übeltäter, nämlich der Kläger selbst, das Urteil vollstrecken solle. Dieser zögerte nicht und knüpfte seinen Vater eigenhändig auf. Inzwischen kam der jüngere Bruder mit herbeigerufener Verstärkung zurück, sah, was geschehen war, und tötete vor aller Augen den ruchlosen Bruder mit dem Schwert. «Die Leiche ließ er dort unbestattet liegen, Hunden und anderem Getier zum Fraß. Doch sogar sie schauderten vor seiner Bosheit und rührten ihn nicht an, als wäre er vergiftet»[1].

---

1 *Die Chronik Johanns von Winterthur*, hg. von Friedrich Baethgen, *MGH SS rer. Germ.* N. S. 3, Berlin 1955, S. 199f.; deutsche Übersetzung und Kommentierung der Geschichte bei Arno Borst, *Lebensformen im Mittelalter*, Frankfurt a. M. 1973, S. 54–58; zum Verfasser und seinem Werk vgl. Klaus Arnold, Art. *Johannes von Winterthur*, in: *Die deutsche Literatur des Mittelalters. Verfasserlexikon* 4 (^{2}1983), Sp. 816–818.

Der Chronist endet hier seinen Bericht. Hätte er aber statt am Schreib-
pult auf der Kanzel gestanden, dann hätte er nicht versäumt, aus der
Geschichte die Moral zu ziehen. Jedem Zuhörer wäre klar geworden, daß
die Erzählung des Minoritenbruders eigentlich ein Kommentar ist zum
Vierten Gebot: «Du sollst Vater und Mutter ehren, auf daß es Dir wohl-
ergehe auf Erden». Darauf weisen neben dem Inhalt auch sprachliche
Anklänge an die Bibel hin[2]. Die Geschichte spiegelt, wie zahlreiche weitere
zeitgenössische Anekdoten im Werk des Johannes von Winterthur, biblische Themen; seine Chronik bildet eine «Fundgrube von Predigtstoffen»[3].

Unverkennbar ist indessen auch der historische Gehalt der Erzählung.
Es dürfte sich damals in unseren Gegenden eine aufsehenerregende Bluttat
ereignet haben, deren Kunde wohl durch einen wandernden Ordensbruder
bis zum Franziskanerkonvent von Lindau, wo Johannes wirkte, gelangte.
Einzelheiten des Geschehens sind auf dem Weg der mündlichen Überlieferung, durch die Verwendung in der Predigt und nicht zuletzt durch die
Niederschrift verwischt, verformt und stilisiert worden. Aus der Familien-
tragödie ist ein Exemplum oder – so die früher gebräuchliche, abschätzende
Bezeichnung – ein Predigtmärlein geworden. Und doch enthält der Bericht
manche wertvolle, nicht-intentionale Nachrichten über den bäuerlichen
Lebenskreis jener Zeit, über die Familienverhältnisse, die Gerichtspraxis
und so weiter[4], was allerdings in der eingangs gelieferten verkürzenden
Paraphrase kaum erkennbar ist. Die Niederschrift der Geschichte bringt
uns Schichten der mittelalterlichen Bevölkerung nahe, die sich selbst nicht
schriftlich äußerten.

Kein Wunder also, daß diese Quellengattung der historischen Anekdote
– das Exemplum eben – im Zeichen der Alltags- und Mentalitätsgeschichte
in jüngster Vergangenheit auf wachsendes Interesse der Historiker gestoßen
ist. Hauptimpulse der Erforschung gingen von Frankreich aus, namentlich
von Jacques Le Goff und seinen Schülern, die sich seit über zwanzig Jahren

---

2 Nach Ausweis der Edition: Prov. 30, 8; Gen. 33, 14; Iac. 2, 6; Ezech. 31, 14; Iob
   33, 30; Act. 12, 21; 2. Macc. 6, 28; Act. 13, 16; 2. Esdr. 8, 7; Iudith 5, 28; Deut.
   28, 26; vgl. Borst, *Lebensformen* (wie Anm. 1), S. 55.
3 Arnold, *Johannes von Winterthur* (wie Anm. 1), Sp. 818.
4 Zum Beispiel über den Rechtsbrauch, das Urteil durch den Kläger vollstrecken
   zu lassen; vgl. dazu Karl von Amira, *Die germanischen Todesstrafen. Untersuchungen zur Rechts- und Religionsgeschichte* (Abhandlungen der Bayerischen
   Akademie der Wissenschaften, Phil.-Hist. Kl., 31, 3), München 1922, S. 228 mit
   Anm. 4–6; Wolfgang Schild, in: *Strafjustiz in alter Zeit*, Rothenburg o. d. T.
   1980, S. 217.

mit den Exempla beschäftigen. Auf die Darstellung der Forschungsdiskus-
sion kann hier verzichtet werden[5]. Auch auf die Entwicklung der Gattung
des mittelalterlichen Exempels, seine antiken und frühchristlichen Wur-
zeln, seine Genese und Entfaltung, seine Blütezeit im 13. und 14. Jahrhundert, sei nur am Rand hingewiesen. Um über den Gegenstand unseres Bei-
trags einige Klarheit zu gewinnen, soll wenigstens eine Definition des
Exempels aus der modernen Forschung angeführt werden. Von den verschiedenen, allesamt nicht unbestrittenen Begriffsumschreibungen wähle
ich jene, die Le Goff im Jahr 1982 in der «Typologie des sources» formuliert hat; sie lautet folgendermaßen: Das mittelalterliche Exemplum ist «un
récit inséré dans un discours (en général un sermon) pour convaincre un
auditoire par une leçon salutaire»[6]. Die Diskussion über die Eingrenzung
des Gegenstands wird nicht gerade erleichtert durch den Umstand, daß
mittelalterliche Autoren selbst den Begriff zumeist weniger eng faßten als
wir. Neben Erzählungen rechneten sie zu den Exempla etwa auch Zitate,

---

5   Grundlegend: Claude Bremond, Jacques Le Goff, Jean-Claude Schmitt,
     L'«Exemplum» (Typologie des sources du Moyen Age occidental, 40), Turnhout
     1982; an seither erschienenen wichtigeren Titeln seien genannt: Prêcher
     d'exemples. Récits de prédicateurs du Moyen Age, hg. von Jean-Claude Schmitt,
     Paris 1985; Exemplum et Similitudo. Alexander the Great and other Heroes as
     Point of Reference in Medieval Literature, hg. von W. J. Aerts und M. Gosman
     (Mediaevalia Groningana, 8), Groningen 1988; Exempel und Exempelsammlun-
     gen, hg. von Walter Haug, Burghart Wachinger (Fortuna Vitrea, 2), Tübingen
     1991; Les Exempla médiévaux. Introduction à la recherche, suivie des tables criti-
     ques de l'Index exemplorum de Frederic C. Tubach, hg. von Jacques Berlioz, Marie
     Anne Polo de Beaulieu (Classiques de la littérature orale), Carcassonne 1992;
     Hans-Jörg Gilomen, Volkskultur und Exempla-Forschung, in: Modernes Mittel-
     alter. Neue Bilder einer populären Epoche, hg. von Joachim Heinzle, Frankfurt a.
     M. 1994, S. 165–208.
6   Typologie (wie Anm. 5), S. 37; im Unterschied dazu bezieht etwa die weiter
     gefaßte Definition von Erwin Rauner im Lexikon des Mittelalters 4 (1989), Sp.
     161, auch die nicht-sermonalen, literarischen Exempla ein: «Exempel als literari-
     scher Begriff bezeichnet im lateinischen Mittelalter in sich abgeschlossene, vor-
     wiegend erzählende Texte meist geringen Umfangs mit belehrender Tendenz,
     die ausgedrückt sein oder sich aus dem Inhalt des Exempels selbst ergeben
     kann». Gegen eine einseitig auf die Predigt ausgerichtete Definitorik des
     Exemplums wendet sich auch Christoph Daxelmüller, Art. Exemplum, in:
     Enzyklopädie des Märchens 4 (1984), Sp. 627.

die beispielhaft verwendet werden konnten, und «Allegorien, die eine Tugend oder ein Laster wirksam vor Augen führen» halfen[7].

Wenn wir uns an der heutigen Tagung mit der Bibliothek der Freiburger Franziskaner beschäftigen, liegt es nahe, einmal auch die Frage nach den Exempla bei den Cordeliers zu prüfen. Das eingangs zitierte Beispiel aus der Chronik des Johannes von Winterthur hat die enge Verbindung gerade der franziskanischen Predigttätigkeit mit der Entstehung und Verbreitung von Exemplaerzählungen im späteren Mittelalter gezeigt. Es wäre erstaunlich, wenn wir nicht auch beim Freiburger Konvent fündig würden, bieten doch dessen bis heute ununterbrochene Kontinuität und die an Ort und Stelle erhaltene Bibliothek außerordentlich günstige Voraussetzungen für die Exemplaforschung. Mein Versuch einer Bestandesaufnahme geht in zwei Richtungen: Zunächst ist die Bibliothek nach vorhandenen Exempla und Exemplasammlungen zu durchforsten. In einem zweiten Teil soll nach dem Zusammenhang zwischen Exemplum und Predigt im historischen Umfeld der Freiburger Franziskaner gefragt werden.

1. Exempla und Exemplasammlungen in der Franziskanerbibliothek

Im Vordergrund unserer Suche stehen die Handschriften-Korpora der beiden Büchersammler Friedrich von Amberg (gest. 1432) und Jean Joly (um 1440–1510). Die Zeitspanne ihrer Entstehung reicht über mehr als ein Jahrhundert, gerechnet von der ersten, im Jahr 1389 durch Amberg bei seinem Studium in Paris erworbenen Petrus de Candia-Handschrift, dem heutigen Codex 20, bis zu Jolys Tod im Jahr 1510. Damit wird ein Längsschnitt vom 14. bis zum Beginn des 16. Jahrhunderts erreicht. Die Sammlung Friedrichs von Amberg ist durch den ausführlichen maschinenschriftlichen Katalog und die zusammenfassende Untersuchung von Christoph Jörg auf vorbildliche Weise erschlossen[8]. Zu den Handschriften aus dem Besitz von Jean Joly bietet die Katalogisierungsarbeit von Alois Mosberger wenigstens einen ersten Zugang[9].

---

7 Jörg, *Untersuchungen*, S. 89. Zum erweiterten Exempla-Begriff bei Vinzenz Ferrer vgl. unten bei Anm. 25.

8 Jörg, *Untersuchungen*, mit Anhang; Jörg, *Katalog*; vgl. *Helvetia Sacra* V/1, S. 161; Scarpatetti, *Katalog*, Text S. 220.

9 Mosberger, *Katalog*. Zu Joly und seiner Bibliothek vgl. auch Bernard Fleury, *Un moine bibliophile au XVme siècle: Le P. Jean Joly, Cordelier de Fribourg*, in: *ZSKG* 6 (1912), S. 27–33; *Helvetia Sacra* V/1, S. 164; Scarpatetti, *Katalog*, S. 227.

In seiner Tätigkeit als gelehrter Sammler und Kompilator bekundete
Magister Friedrich von Amberg besonderes Interesse an Predigten und
Predigtmaterialien; davon zeugen eine Reihe von Predigtmaterialsammlungen, die er besessen oder eigenhändig angelegt hat. Solche Kollektane-
enbände wurden üblicherweise aus Teilen älterer Sammlungen neu zusammengestellt und ergänzt, um dem Prediger mit geringen Kosten eine breite
Auswahl von brauchbaren Texten an die Hand zu geben[10]. In drei dieser
Sammelbände, den Codices 44, 62 und 109, sind vereinzelte Exempla oder
kleinere Exemplareihen enthalten[11]. Es handelt sich dabei offenbar um
zufällig hineingeratenes Material oder um als Füllsel eingefügte Texte; ein
planmäßiges Vorgehen ist nicht zu erkennen.

Exempla und Exemplareihen in Predigtmaterialsammlungen Friedrichs von
Amberg:

Codex 44:	XI, 3, fol. 160v
Codex 62:	V, 3–6, fol. 43v–44v
	XI, 1b–c, fol. 178r–178v
Codex 109:	I, 2, fol. 52r–53v
	II, fol. 97r–104v

Anders verhält es sich mit Codex 82 der Franziskanerbibliothek. Die
Papierhandschrift im Oktav-Format beinhaltet auf 430 eng beschriebenen
Seiten eine von Amberg eigens angelegte Exemplasammlung. Sie besteht
aus acht Einzelteilen, älteren Kompilationen und Textfragmenten,
geschrieben von verschiedenen Händen des 14. Jahrhunderts. Ambergs
Leistung beschränkte sich hauptsächlich auf das Zusammenfügen des vor-
gefundenen oder zusammengesuchten Materials sowie auf dessen Erschlie-
ßung durch ein alphabetisches Sachregister. Dieses fehlt zwar in dem an
seinem Anfang und Ende fragmentarisch erhaltenen Codex, es kann aber
aus den bei jedem Stück vorhandenen Marginalbuchstaben erschlossen
werden[12].

---

10 Jörg, *Untersuchungen*, S. 74.
11 Vgl. die Beschreibungen ebda., S. 74–88 (Codd. 44, 62), 92 (Cod. 109); Scarpatetti, *Katalog*, S. 140 Nr. 387 (Cod. 62).
12 Vgl. Jörg, *Untersuchungen*, S. 88–92; ders., *Katalog*, S. 281–343.

Wenden wir uns nun dem Inhalt von Codex 82 zu. Die Textmasse zu durchforsten, wäre ein zeitraubendes und schwieriges Unterfangen gewesen, hätte ich mich dabei nicht auf die große Identifizierarbeit von Jörg abstützen können. Die ersten zwei Teile der Sammlung bestehen aus reichhaltigen Exemplareihen, deren unmittelbare Vorlagen unbekannt sind. Es dürfte sich um Sammelgut handeln, das in Bettelordenskreisen zirkulierte und aus Umarbeitungen der klassischen Exemplaliteratur des 13. Jahrhunderts bestand[13]. Einige identifizierbare Einzelstücke hieraus stammen aus dem um 1300 in der sächsischen Minoritenprovinz entstandenen «Liber miraculorum et visionum»[14], einem der zahlreichen anonymen Exemplakorpora[15].

In den Teilen drei bis fünf hat Amberg aus mehreren Bruchstücken die «Gesta Romanorum» zusammengestellt, jene äußerst beliebte, nicht nur in Latein, sondern auch in verschiedenen Volkssprachen verbreitete Exempelsammlung von Fabeln, Legenden, Novellen und Märchen[16]. Von den etwa 250 Stücken der «Gesta Romanorum» ist ungefähr ein Viertel in Codex 82 aufgenommen worden. Ein weiterer bestimmbarer Teil der Handschrift umfaßt die in der Physiologus-Tradition stehende, dem Augustinerchorherrn Hugo von Folieto zugeschriebene Schrift «De bestiis et aliis rebus»[17]. Den Schluß bildet der «Liber de exemplis sacrae scripturae» des Dominikaners und letzten Patriarchen von Jerusalem, Nikolaus von Hanappes[18].

---

13 Jörg, *Untersuchungen*, S. 90.

14 Teilweise hg. von Leonhard Lemmens, *Ex libro miraculorum et visionum in provincia Saxoniae c. 1300 conscripto*, in: *Archivum Franciscanum Historicum* 2 (1909), S. 72–78.

15 In der *Typologie des sources* (wie Anm. 5), S. 58, wird annäherungsweise die Zahl von 46 verschiedenen Exemplasammlungen des 13. und 14. Jahrhunderts genannt; diese Schätzung stützt sich auf die grundlegende Arbeit von Jean-Thiébaud Welter, *L'Exemplum dans la littérature religieuse et didactique du Moyen Age*, Paris-Toulouse 1927; vgl. auch Michael Chesnutt, Art. *Exemplasammlungen*, in: *Enzyklopädie des Märchens* 4 (1984), Sp. 592–604.

16 Vgl. Udo Wawrzyniak, Art. *Gesta Romanorum*, in: *Enzyklopädie des Märchens* 5 (1987), Sp. 1201–1212; Brigitte Weiske, *Gesta Romanorum*, 2 Bde. (*Fortuna Vitrea*, 3, 4), Tübingen 1992.

17 Vgl. Ivan Gobry, Art. *Hugues de Fouilloy*, in: *Dictionnaire de Spiritualité* 7/1 (1969), Sp. 880–886; Birgit Gansweidt, Art. *Hugo de Folieto*, in: *Lexikon des Mittelalters* 5 (1991), Sp. 171.

18 Vgl. André Duval, Art. *Nicolas de Hanappes*, in: *Dictionnaire de Spiritualité* 11 (1982), Sp. 283.

Zwischendurch stößt man immer wieder auf weiße Flecken, das heißt auf Exempla und Exemplaketten, die sich einer Identifizierung mit Hilfe der vorhandenen Instrumente entziehen; ein guter Teil der insgesamt gegen 400 Stücke der Sammlung enthält also noch nicht erschlossenes Material.

Das Bild verändert sich nicht wesentlich, wenn wir uns dem zweiten bedeutenden Büchersammler der Cordeliers im Spätmittelalter zuwenden, dem Freiburger Jean Joly, der in seinem Heimatkloster ein halbes Jahrhundert nach Amberg gewirkt hat. Im Unterschied zu Amberg legte Joly keinen eigenen Exemplacodex an; die von ihm zusammengestellten Textreihen sind auf verschiedene Handschriften mit Predigtmaterialien verteilt. In den vier von mir eruierten Sammlungen im Gesamtumfang von gegen 240 Seiten sind schätzungsweise ebensoviele Exempla enthalten. Es handelt sich um eine vorläufige Schätzung, eine nähere Untersuchung steht noch aus. Man kann aber davon ausgehen, daß Joly wie Amberg keine eigenen Exempla geschaffen hat – als Autor scheint Joly ohnehin nicht hervorgetreten zu sein –, vielmehr den vorhandenen Stoff für den eigenen Bedarf neu ordnete.

Exemplareihen in Predigtmaterialsammlungen von Jean Joly:

Codex 58:	III, fol. 121r–125r
Codex 61:	V, fol. 23ra–70vb
Codex 68:	fol. 161r–195v
Codex 70:	fol. 193r–228v

Als Fazit aus einem ersten Rundgang durch die spätmittelalterliche Bibliothek der Freiburger Franziskaner bleibt festzuhalten: Auf der Suche nach Exempla sind wir bei den Cordeliers erwartungsgemäß fündig geworden. Zu Aberhunderten zählen die in den Büchern von Amberg und Joly vorhandenen Beispielerzählungen. Sie gehören in den Zusammenhang großer, in ihrer Mehrheit anonymer Sammlungen, die in stets wechselnder Konfiguration in Europa zirkulierten und nicht zuletzt durch die mobilen Minoriten von einer Stadt zur anderen, von einem Konvent zum anderen gelangten. Sie sind ein beachtliches Zeugnis für die vielfältigen Verbindungen der Franziskaner, welche die Grenzen der Länder und Ordensprovinzen überschritten.

Eigenständige literarische Produktion von Freiburger Konventualen sucht man in den Exemplasammlungen allerdings vergeblich, wird man wohl auch bei genauerem Nachforschen nicht finden. Die von der Exemplaforschung bisher nicht beachteten Bestände der Franziskanerbibliothek[19] verdienen dennoch eine intensivere, systematische Untersuchung. In ihrer Disparität und Heterogenität entsprechen sie weit mehr den Predigtbedürfnissen – vielleicht auch der pastoralen Wirklichkeit? – im Spätmittelalter als die geschlossenen Opera der Exempla-«Klassiker» aus dem 13. Jahrhundert, Caesarius von Heisterbach, Stephan von Bourbon oder Jakob von Vitry.

2. Exemplum und Predigt

Die eingangs berichtete Geschichte vom Vatermörder aus Estavayer ist ein prägnantes Beispiel für den Wandel, welchem ein Erzählstoff auf seinem Weg vom Ort des Geschehens bis zur schriftlichen Fixierung unterworfen sein konnte. Grenzen nicht nur im räumlichen Sinn wurden dabei überschritten, auch der Transport aus der Welt der Laien in die Sphäre und Denkvorstellungen des Klerus bewirkte Veränderungen. Einzig daß der Weg unseres Geschichtleins in einer Chronik statt in einer Exemplasammlung endete, unterscheidet es von der üblichen Laufbahn seiner Artgenossen.

Einen Johannes von Winterthur hat es unter den Freiburger Franziskanern des Spätmittelalters nicht gegeben, der Umsetzungsprozeß in dieser Richtung läßt sich daher am Freiburger Material nicht verfolgen. Die Tradition, Exempel- und Sagenstoffe zu sammeln, um sie in Predigt oder erbaulichem Schrifttum zu verwenden, lebt allerdings im Freiburger Franziskanerkloster offenbar bis in unser Jahrhundert fort. Ein schönes Zeugnis dafür liefern die von P. Nikolaus Bongard (1896–1955) gesammelten und jüngst veröffentlichten Sensler Sagen[20]. Da hingegen von Freiburger Cordeliers des Spätmittelalters geschaffene oder niedergeschriebene Exempla nicht vorhanden sind, beschreiten wir wenigstens den umgekehrten Weg, den das Exempel, einmal schriftlich gefaßt, früher oder später wieder einschlug: den Weg zurück vom Buchstaben über das Wort des Predigers in das Ohr und das Herz des Zuhörers.

---

19 So sucht man in dem ausführlichen Verzeichnis von Handschriften mit Exemplasammlungen bei Welter, L'Exemplum (wie Anm. 15), Appendice III, S. 477–502, vergeblich nach der Freiburger Franziskanerbibliothek.

20 Sensler Sagen, gesammelt von P. Nikolaus Bongard (1896–1955), hg., kommentiert und mit einem Vorwort versehen von Moritz Boschung (Freiburger Bibliothek, 8), Freiburg 1992 (den Hinweis verdanke ich Dr. Peter Boschung, Flamatt).

Ein anschauliches Bild vom Predigtwirken der Cordeliers zu Freiburg vermittelt ein Kunstwerk, der Antoniusaltar von Hans Fries (Abb. 13). Das heute im Chor der Franziskanerkirche aufgestellte Retabel wurde im Jahr 1506, während der Amtszeit von Jean Joly als Guardian also und wohl in dessen Auftrag, ausgeführt. Es zeigt die Predigt des heiligen Antonius von Padua über den Tod des Wucherers. Der Heilige predigt auf einer Kanzel im Freien vor einem städtischen Publikum (linker Flügel). Im Vordergrund sitzen Frauen, die Männer halten sich mehr im Hintergrund auf. Den Worten des Predigers folgen die Gläubigen offensichtlich mit gespannter Aufmerksamkeit. Er erzählt gerade eine Geschichte, eines jener zahlreichen Exempel, welche die Kirche in ihrem – letztlich aussichtslosen – Kampf gegen die Realitäten des spätmittelalterlichen Wirtschaftslebens einsetzte[21].

Die Geschichte handelt vom Tod eines Wucherers, das heißt eines in Geldgeschäften tätigen reichen Mannes. Das Retabel faßt die zeitlich auseinanderliegenden Phasen der Bilderzählung synchron zusammen. In der rechten Bildhälfte ist das Haus des Reichen dargestellt. Oben gewährt der Künstler einen Einblick in das Sterbezimmer des Reulosen, der, umgeben von seiner Familie und getröstet von einem barmherzigen Bruder, auf dem Sterbebett liegt. Das Begräbnis des Verstorbenen wird vor den Augen der Zeitgenossen mit Pomp und unter Beteiligung mehrerer Priester durchgeführt, die an ihren Pelzmäntelchen als vornehme Chorherren erkennbar sind (linker Flügel, Hintergrund). Nach dem Begräbnis finden die Erben im Erdgeschoß des Hauses unter den in einer Truhe verwahrten Goldschätzen das Herz des Reichen, gemäß dem Bibelwort: «Wo dein Schatz ist, da ist auch dein Herz» (Matth. 6, 21) (rechter Flügel), während seine Seele von zwei Teufeln abgeführt wird (beide Flügel, obere Bildhälfte).

Der Kampf gegen den materiellen Reichtum und speziell gegen den Wucher, als welchen die Kirche die Nichteinhaltung des Zinsverbots brandmarkte, wird, wie andernorts, auch in der wirtschaftlich blühenden wohlhabenden Stadt Freiburg des Spätmittelalters zu den zentralen Themen der Minoritenpredigt gehört haben. Vielleicht ist es deshalb nicht bloßem Zufall zuzuschreiben, wenn bereits die Exemplasammlung Ambergs in Codex 82 – ein Jahrhundert vor dem Fries-Altar – mit einem

---

21 Die Exempla, die Frederic C. Tubach, *Index exemplorum. A Handbook of Medieval Religious Tales*, Helsinki 1969, S. 507 s. v. «Usurer / Usurers / Usury» zusammengestellt hat, füllen mehr als eine Spalte seines Registers; zum Thema des Wucherers und seiner Verdammnis vgl. Jacques Le Goff, *La bourse et la vie. Economie et religion au Moyen Age* (Textes du XXe siècle), Paris 1986, bes. S. 69ff.

Wuchererexempel beginnt? Diesmal kommt der Sünder noch glimpflich davon: Im Kampf zwischen vier Engeln und vier Teufeln um die Seele des Verstorbenen siegen schließlich die guten Mächte, da der Wucherer mit reuigem Herzen verschieden war und im letzten Augenblick noch sein Vermögen den rechtmäßigen Besitzern zurückgeben wollte[22].

Über den konkreten Gehalt von Predigten eines Friedrich von Amberg oder Jean Joly wissen wir nichts, Abschriften davon sind nicht vorhanden, ihre gesprochenen Predigten wurden wohl nicht aufgezeichnet. Immerhin zeigen Benützungsspuren in den klostereigenen Exemplasammlungen, etwa Randkreuze und Notabenezeichen von Ambergs oder anderer Hand bei Exempeln im Codex 82, daß man sie für die Predigt verwendete[23]. Eine genauere Vorstellung vom Gebrauch der Exempla in der Volkspredigt liefern hingegen – ein Glücksfall für unsere Untersuchung – zwei berühmte Prediger jener Zeit, die mit Freiburg und den Franziskanern in Verbindung standen: Vinzenz Ferrer, über den im Rahmen dieses Kolloquiums bereits gehandelt wurde, und Konrad Grütsch.

In den 16 Fastenpredigten, die der spanische Dominikaner Vinzenz Ferrer (um 1350–1419) im März 1404 in Freiburg, Murten, Payerne, Avenches und Estavayer gehalten und die Friedrich von Amberg in Form von redigierten Nachschriften hinterlassen hat[24], begegnen vierzig Exempla oder exemplaähnliche Stellen. Darunter sind bildhafte Gleichnisse zu verstehen, «similitudines» oder «figurae» (in der katalanischen Muttersprache Ferrers «semblanças»), die der berühmte Dominikaner gern und häufig zur Veranschaulichung seiner Predigt einsetzte[25]. Beides verwendete er nebeneinan-

---

22 Cod. 82, I, fol. 1r (fragmentarischer Anfang der Handschrift); Tubach, *Index* (wie Anm. 21), Nr. 232; die Erzählung stammt aus Caesarius von Heisterbach, *Dialogus miraculorum* II, 31, hg. von Joseph Strange, Köln 1851, Bd. 1, S. 103–105.

23 Jörg, *Untersuchungen*, S. 91.

24 Cod. 62, VI, fol. 45r–97v; vgl. Nicolas Raedlé, *Prédication de S. Vincent Ferrier à Fribourg, en mars 1404*, in: *Revue de la Suisse catholique* 5 (1873), S. 653–661; Bernard Fleury, *Maître Frédéric d'Amberg. Provincial et Guardian du couvent des Cordeliers de Fribourg*, in: *Archives de la Société d'histoire du canton de Fribourg* 8 (1907), S. 37–56, hier S. 51; Jörg, *Untersuchungen*, S. 82; vgl. auch den Beitrag von Kathrin Utz Tremp in diesem Band.

25 Vgl. Vincent Almazàn, *L'exemplum chez Vincent Ferrier*, in: *Romanische Forschungen* 79 (1967), S. 288–332, bes. S. 299ff.; allgemein: Jacques Le Goff, *L'exemplum et la rhétorique de la prédication aux XIIIᵉ et XIVᵉ siècles*, in: *Retorica e poetica tra i secoli XIII e XIV. Atti del secondo Convegno internazionale di

der unter dem Oberbegriff «exemplum similitudinis»; daher beziehen wir die Gleichnisse, obwohl die moderne Forschung sie von den Exempla im engeren Sinn unterscheidet[26], ebenfalls in unsere Untersuchung ein.

Exempla und bildhafte Vergleiche sind nicht gleichmäßig auf alle Predigten verteilt, ihre Häufigkeit variiert zwischen keiner und sechs Textstellen pro Predigt. Dies mag zum Teil auf den Protokollanten Amberg zurückzuführen sein, der nicht alles notierte, sondern sich gelegentlich auf eine Notiz beschränkte, wo ein ihm offenbar geläufiges Exemplum einzufügen wäre[27]. Die ungleiche Verteilung hängt aber ebenfalls mit dem anvisierten Publikum zusammen. An Laien gerichtete Predigten lockerte Ferrer stärker durch Erzählungen auf als solche, die sich an die Geistlichkeit wandten. Die farbigsten und mit je sechs die meisten Geschichten und Bilder weisen die Predigten auf, die am 14. und 19. März 1404 vor den Gläubigen in Murten und Avenches gehalten wurden: in Murten die Fastenpredigt zum Thema des fünffachen Elendes menschlicher Existenz, worüber Christus fünfmal geweint habe, in Avenches einige Tage später der zweite Teil der Predigt über die christliche Vervollkommnung[28].

Ferrer beherrschte die Regeln des «Sermo ad statum». Seine Exempla unterscheiden sich auch inhaltlich, wenn er zu den Gläubigen, zum Klerus von Estavayer oder zu den Nonnen im dortigen Dominikanerinnenkloster sprach[29]. Ferrers Erzähltalent muß außerordentlich gewesen sein, die Geschichten wiederholen sich in den 16 untersuchten Freiburger Predigten praktisch nie[30]. Auch bei einem ersten Vergleich mit den zahlreichen anderen überlieferten Predigten des berühmten Spaniers, soweit sie ediert

studi dell'Associazione per il Medioevo e l'Umanesimo latini (AMUL) in onore e memoria di Ezio Franceschini, Trento e Ravenna 3–5 ottobre 1985, hg. von Claudio Leonardi und Enrico Menestò, Perugia 1988, S. 3–29, bes. S. 26ff.

26 Vgl. oben Anm. 7.

27 Zum Beispiel in der 15. Predigt, fol. 95r: «Exemplum de milite cui pater suus interfectus fuit».

28 Predigten Nr. 6 und 11; vgl. im Anhang die Zusammenstellung der Exempla in den Ferrer-Predigten.

29 Zu den «Sermones ad status» und der entsprechenden Verwendung von Exempla vgl. *Typologie* (wie Anm. 5), S. 150–153.

30 Einzig das biblische Exempel vom ungetreuen Verwalter begegnet – in Variationen – zweimal in den Freiburger Predigten: in der Predigt über das Jüngste Gericht (III): Die Auferstehung der Toten (Nr. 4), und in jener über die Vergebung der Sünden (I) (Nr. 12).

und untersucht worden sind, stoßen wir kaum auf gleichartige Exempla[31];
als dementsprechend schwierig erweist sich daher ihre Identifizierung.
Noch die spröde und abstrahierende Nachschrift Ambergs, welche die
stundenlangen Auftritte Ferrers in wenige Manuskriptseiten einfängt, läßt
etwas von der lebendigen und farbigen Rede erahnen, womit der große
Prediger seine Zuhörer in Bann schlug.

Als zweite bedeutende Predigergestalt hat Konrad Grütsch (vor 1409-
vor 1475) in Freiburg Spuren hinterlassen. Der gelehrte Franziskaner
stammte aus Basel. Nach Studien in Straßburg und Paris wirkte Grütsch in
verschiedenen Klöstern der oberdeutschen Minoritenprovinz, in Zürich,
Bern und Mülhausen, unterbrochen von weiteren Studien in Wien und
Heidelberg. In Freiburg ist er ein erstes Mal 1453 und erneut von 1457 bis
gegen 1461 als Guardian und Lektor faßbar. Er starb vor dem 20. Oktober
1475[32]. In der Franziskanerbibliothek wird unter der Signatur Codex 23
eine von Grütsch im Jahr 1459 geschriebene, also während seines Wirkens
in Freiburg entstandene Handschrift aufbewahrt[33]. Der im ersten Kapitel
meiner Ausführungen mit Bedacht nicht erwähnte Codex ist für unsere
Fragestellung wichtig, in wünschbarer Deutlichkeit zeigt er das Zusam-
menspiel von Exemplasammlung und Predigtliteratur.

Der erste Teil der gepflegten Handschrift umfaßt ein von Grütsch selbst
verfaßtes Predigtwerk, das «Alphabetum sermonum», das in alphabetischer
Ordnung Material für 217 thematische Predigten enthält. Der zweite Teil
bietet auf 320 Seiten eine sauber und mustergültig angelegte Exemplasammlung. Deren Hauptkorpora bestehen aus dem «Dialogus miraculorum» des
Caesarius von Heisterbach (fol. 147ra–229ra), den Mirakeln des legendären
angelsächsischen Königs Richard (fol. 229ra–269ra), den «Gesta Romanorum» (fol. 269ra–294rb) und Aesops Fabeln; zwischen die beiden letzten

---

31 Unter den 183 Exempla, die Almazàn, L'exemplum (wie Anm. 25), aus den 227
   katalanischen Predigten Ferrers herausdestilliert und S. 318–332 nach den zwölf
   thematischen Kategorien von Welter, L'Exemplum (wie Anm. 15), S. 105–108,
   gegliedert hat, fand ich nur ein einziges, das Ferrer vielleicht auch hierzulande
   verwendet hat: die Geschichte vom zarten Jüngling, der Mönch geworden war
   (Almazàn S. 323, Nr. 71 ≅ Predigt in Estavayer über die Vergebung der Sünden
   (II) (Nr. 15).

32 Vgl. Helvetia Sacra V/1, S. 163; Christine Stöllinger, Art. Grütsch, Conrad, in:
   Die deutsche Literatur des Mittelalters. Verfasserlexikon 3 (²1981), Sp. 291–294.

33 Beschreibung bei André Murith, Jean et Conrad Grütsch de Bâle. Contribution à
   l'histoire de la prédication franciscaine au XVe siècle, Diss. Phil. Fribourg 1940, S.
   71–73; Scarpatetti, Katalog, S. 133, Nr. 371, S. 218.

Werke sind Abschnitte aus Fulgentius «De imaginibus» eingeschoben (fol. 294rb–295va). Die insgesamt über 600 Exempla werden am Schluß durch ein – im wörtlichen Sinn – vielseitiges «Registrum alphabeticum» mit schätzungsweise 2700 Einträgen erschlossen (fol. 295va–306vb). Unnötig zu betonen, daß diese schöne Sammlung in der einschlägigen Exemplaforschung bisher nicht bekannt war. So sucht man den Freiburger Codex 23, ebenso wie den von Amberg zusammengestellten Codex 82, vergeblich im Handschriftenverzeichnis der verdienstvollen Arbeit von Brigitte Weiske über die «Gesta Romanorum», worin der Versuch gewagt wurde, das kaum überschaubare Material der «Gesta»-Überlieferung zu sichten[34].

Zahlreiche Notazeichen am Rand von Grütschs Hand weisen auf systematische Auswertung der Sammlung und praktische Verwendung der Texte hin. Tatsächlich hat der Verfasser diese in sein mehrteiliges Predigtwerk eingebaut. Dazu zählt neben dem erwähnten «Alphabetum» in Codex 23 ein in verschiedenen Redaktionen und zehn Handschriften überliefertes «Quadragesimale»[35]. Diese Sammlung von Fastenpredigten erschien im Jahr 1475 erstmals im Druck, irrtümlich unter dem Namen von Konrads jüngerem Bruder Johann Grütsch, Chorherr von St. Peter in Basel, Kanonist und Rektor der dortigen Universität[36]. Das Buch fand sogleich große Verbreitung; allein aus der Zeit vor 1500 sind 29 verschiedene Drucke bekannt[37]. Dem Freiburger Cordelier André Murith kommt das Verdienst zu, in seiner Doktorarbeit von 1940 den Nachweis erbracht zu haben, daß alle Sammlungen das Werk eines Autors, des Franziskanerbruders Konrad, darstellen[38].

Das seinerzeit und weit über das Mittelalter hinaus außerordentlich verbreitete und – so dürfen wir folgern – auch benützte Predigtbuch gilt als repräsentativ für die gelehrte Predigt des 15. Jahrhunderts[39]. Eine Fülle von Exempelerzählungen aus allen Bereichen der Heils-, Profan- und Naturgeschichte, der Mythologie und so weiter ist darin enthalten. Nach Welters Zählung ist allein die gedruckte Fassung des «Quadragesimale» von 150

---

34 Weiske, *Gesta* (wie Anm. 16), Bd. 2, S. 121–144.

35 Vgl. Murith, *Grütsch* (wie Anm. 33), S. 38–48, 68–71.

36 Vgl. Roger Aubert, Art. *Grütsch, Johann*, in: *Dictionnaire d'histoire et de géographie ecclésiastiques* 22 (1988), Sp. 434.

37 Vgl. Murith, *Grütsch* (wie Anm. 33), S. 4; Stöllinger, in: *Verfasserlexikon* 3 (²1981), Sp. 292.

38 Murith, *Grütsch*, S. 84ff.

39 Vgl. André Derville, Art. *Grütsch, Conrad*, in: *Dictionnaire de Spiritualité* 6 (1967), Sp. 1083–85.

Exempla durchsetzt[40], ohne Berücksichtigung der handschriftlich überlieferten, diesbezüglich noch nicht untersuchten Teile des Predigtwerks.
Eine Hauptgrundlage für die von Konrad Grütsch verwendeten Predigt-
exempla bildet unser Codex 23, der seit Grütschs Zeiten wenig beachtet in
der Bibliothek des Franziskanerklosters Freiburg ruht.

Auf zwei Wegen, durch eine Bestandesaufnahme der Exempla in Handschriften der Franziskanerbibliothek und durch das Aufzeigen der Funktion von Exemplaerzählung innerhalb der Predigt, habe ich Zugänge zu
einem noch ungehobenen Schatz spätmittelalterlicher Bildung und Frömmigkeit zu öffnen versucht. Nur schmale Sondierstollen konnten in das
durch seine Masse erdrückende Gestein hineingetrieben werden, die eigentliche Erschließungsarbeit bleibt noch zu tun.

Das Desiderat und die zu seiner Verwirklichung beste Vorgehensweise
hatte vor bald zwanzig Jahren Christoph Jörg, der heute Vielzitierte,
bereits erkannt, als er schrieb, «die für das Verständnis der spätmittelalterlichen Bildungseinflüsse notwendige Aufarbeitung der Gebrauchsliteratur»
– dazu gehören die Exempla – sollte mit dem Erstellen von «vollständigen
Inzipitarien»[41] an die Hand genommen werden. Bei der Anlage solcher
Inzipit-Register hätten wir es heute, dank EDV-Unterstützung, wesentlich
leichter als seinerzeit Friedrich von Amberg und Konrad Grütsch, die ihre
Exemplaregister für die Codices 82 und 23 mit Hilfe von Tausenden von
Zettelchen erstellen mußten. Ein solches Projekt könnte mit Vorteil in
Koordination mit gleichlaufenden Projekten unternommen werden, die
etwa in Frankreich von Jean-Claude Schmitt, Jacques Berlioz und anderen
Forschern aus der Schule von Jacques Le Goff realisiert werden[42].

Zum Schluß sei der Hoffnung Ausdruck gegeben, daß nicht nur die
Exemplahandschriften, sondern auch andere Codices der Freiburger Franziskanerbibliothek aus ihrem jahrhundertelangen Dornröschenschlaf erwa-
chen. Die Referenten des heutigen Kolloquiums haben sie vielleicht – die
einzige Referentin möge mir das Bild verzeihen! – wie der Prinz im Märchen wachzuküssen vermocht.

---

40 Welter, *L'Exemplum* (wie Anm. 15), S. 420.
41 Jörg, *Untersuchungen*, S. 90 Anm. 2.
42 Einen informativen Bericht über die gegenwärtig laufenden Forschungen in
Frankreich verfaßte Jacques Berlioz, *Les recherches en France sur les Exempla
médiévaux, 1968–1988*, in: *Exempel und Exempelsammlungen* (wie Anm. 5), S.
288–317, bes. S. 304; vgl. auch ders., *Introduction à la recherche dans les exempla
médiévaux*, in: *Les Exempla médiévaux* (wie Anm. 5), S. 17–73.

Anhang

Exempla in den Fastenpredigten Vinzenz Ferrers

Exempla in den Predigten, die Ferrer vom 9. bis 21. März 1404 in Freiburg, Murten, Payerne, Avenches und Estavayer gehalten hat (nach den Aufzeichnungen Friedrichs von Amberg in Codex 62, fol. 45r–95v). Meiner Frau, Dr. Kathrin Utz Tremp, danke ich herzlich für die Überlassung ihrer Predigttranskriptionen.

Gliederung der einzelnen Predigtanalysen: Predigt Nr. – Datum, Ort, Adressat (falls angegeben) – *Thema der Predigt* – E = Exemplum oder Gleichniserzählung – I = Identifikation (soweit möglich).

1

Sonntag, 9. März, Freiburg
Über die acht Arten des Betens
E: –

2

Montag, 10. März, Freiburg
Über das Jüngste Gericht (I): Der Antichrist
E: Ein König besiegt und zerstört eine rebellische Stadt.

3

Dienstag, 11. März, Freiburg
Über das Jüngste Gericht (II): Das Ende der Welt
E: Ein König läßt den Palast in seiner Stadt von Tieren und Unrat säubern, bevor er mit seinen Fürsten dort Hof hält.
E: Bauern riechen den Gestank des Unrates nicht, da sie daran gewöhnt sind, anders aber ein Adliger oder ein Bürger, der zu ihnen kommt.
E: Für den bevorstehenden Besuch des Kaisers (Königs) auf seiner Reise nach Jerusalem richtet die städtische Obrigkeit einen Palast ein und

schmückt ihn mit kostbaren Gegenständen. Nach der Weiterreise des Fürsten wird alles wieder entfernt.

4

Mittwoch, 12. März, Freiburg
Über das Jüngste Gericht (III): Die Auferstehung der Toten
E: Wenn ein kaiserlicher Schatzmeister, der in dreißig Jahren 100 000 fl. ausgegeben, darüber aber nicht Buch geführt hat, am Ende Rechenschaft ablegen muß, zittert er vor diesem Augenblick (vgl. unten Predigt Nr. 12).

5

Donnerstag, 13. März, Freiburg
Über das Jüngste Gericht (IV): Das Gericht
E: Ein Arzt betreut täglich unentgeltlich die vielen Kranken eines Armenspitals.
E: Wenn der Lehrer der Knabenschule abwesend ist, lachen und spielen die Kinder; im unerwartetsten Augenblick tritt er, zum Schrecken der Schüler, wieder in das Schulzimmer ein.
E: Vögel singen auf den Bäumen und erfreuen sich der lieblichen Jahreszeit, als plötzlich aus heiterem Himmel der Falke auf sie herabstürzt und sie vor Schrecken erstarren läßt.

6

Freitag, 14. März, Murten
Über das Elend menschlicher Existenz, worüber Christus fünfmal geweint hat
E: Ein Königssohn wird aus den Wohngemächern in den oberen Stockwerken seines väterlichen Palastes zu den Tieren in den Stallungen des Erdgeschosses verbannt; er sehnt sich nach den Gemächern seines Vaters zurück.
E: Ein rechtschaffener, frommer und tugendsamer Mann erscheint nach dem Tod, wie versprochen, seinem besten Freund und berichtet ihm, daß er im Fegefeuer große Qualen erleiden und für die einzige Schuld büßen müsse, daß er im Leben das Reich Gottes zu wenig herbeigesehnt habe.
E: Beim Eintritt in den menschlichen Körper wird die strahlend weiße Seele sogleich (von der Erbsünde) verunreinigt, wie wenn sie in eine Schüssel voll Unrat eintauchen würde.

E: Ein Graf hat einen schönen Knaben (Knappen), den er jedermann voll Stolz zeigt.

E: Ein Graf nimmt arme Knaben an seinen Hof und will für sie sorgen, ebenso eine Gräfin arme Mädchen, um sie ehrenvoll zu verheiraten. Niemals werden deren Eltern über solchen Verlust traurig sein, sie werden höchstens vor Freude weinen.

E: Ein im Sterben liegender reicher Prälat wird von seinen habgierigen Dienern und von Dieben aller Güter und sogar der Bettdecke beraubt und schließlich, noch lebend, nackt auf der Straße liegen gelassen.

7

Samstag, 15. März, Murten

Über Christus als Arzt und die Buße als Medizin

E: Drei Fieberkranke müssen dem Arzt ihren Urin zeigen. Der erste zeigt aus Angst vor der strengen Diät statt seines Urins denjenigen eines Knaben und stirbt an seiner Krankheit. Der zweite vermischt seinen Urin mit Wasser, erhält eine zu wenig harte Diät und stirbt ebenfalls. Nur der dritte zeigt ehrlich seinen Urin und wird dank der verordneten strengen Diät gesund.

E: Wenn du mit einem Grafen sprechen könntest, wäre das für dich eine große Ehre.

8

Sonntag, 16. März, Payerne

Warum Christus sein Blut siebenmal für uns vergossen hat

E: König Ludwig von Frankreich erblickt seine Braut kurz nach der Verlobung mit einer kostbaren Krone auf dem Haupt. Er bittet sie, eingedenk der Dornenkrone Christi ihre Krone abzulegen – weshalb seither die französische Königin keine Krone trägt.

9

Montag, 17. März, Payerne

Über das bevorstehende Ende der Welt

E: In einer Stadt lebt ein schöner, reicher und angesehener junger Mann; er weigert sich, mit einer ihm angebotenen häßlichen, kranken und schmutzigen Alten eine fleischliche Verbindung einzugehen.

E: Ein Verbrecher schließt aus Furcht vor der drohenden Strafe mit einem Freund auf dessen Rat einen Vertrag und verkauft ihm gegen Geld die Schuld. Der Richter verurteilt zunächst den Käufer zum Tod, darauf erfährt er vom abgeschlossenen Handel und läßt auch den wahren Schuldigen aufhängen.

E: Vision des heiligen Dominikus in Rom: Dominikus sieht Christus im Begriff, drei Speere gegen die Welt zu schleudern und diese wegen ihrer drei Laster des Hochmuts, der Begehrlichkeit und der Habsucht zu vernichten. Auf Bitten der Jungfrau Maria verzichtet er darauf, Maria bietet ihm stattdessen als Kämpfer gegen die Laster der Welt Dominikus und Franziskus an. Anderntags erkennt Dominikus unter den zahlreichen Anwesenden in der Kirche Franziskus, den er bisher nur in der Vision gesehen hatte. Sie umarmen sich und geloben Freundschaft für ihre beiden Orden.

I: Tubach, *Index* (wie Anm. 20), Nr. 1735; vgl. den Beitrag von Kathrin Utz Tremp in diesem Band, oben S. 85, mit Anm. 6.

E: Ein schönes, mit kostbaren Gegenständen ausgestattetes Haus in einer Stadt wird in Kürze verbrennen. Da man dies weiß, wird man eilen, die Schätze daraus zu retten, bevor es zu spät ist.

10

Dienstag, 18. März, Avenches
Über die sieben Stufen der Himmelsleiter und der christlichen Vervollkommnung (I)

E: Im Angesicht seines Vaters oder seines weltlichen Herrn entblößt man sein Haupt und verneigt sich ehrfurchtsvoll.

E: Von der falschen Liebe eines Königs zu seinen Untergebenen, der nur darauf sinnt, sie auszunützen und zu berauben, oder umgekehrt von der falschen Anhänglichkeit von Dienern an ihre Herren nur wegen irdischen Gewinns.

E: Ein von Durst geplagter Schwerkranker, dem der Arzt Weingenuß strikt verboten hat, bekommt von einem guten Freund trotzdem Wein zu trinken, worauf er stirbt.

11

Mittwoch, 19. März, Avenches
Über die Himmelsleiter (II)

E: Ein Mann oder eine Frau, die für den großen Jahreslohn von 10 fl. einem Herrn dient, erfüllt den geforderten Dienst sehr gewissenhaft.

E: Gleiches gilt für einen Ritter, der vom König eine Burg mit 1000 fl. Jahreseinkünften zu Lehen bekommen hat und dafür im Krieg tapfer kämpft.

E: Diener warten aufmerksam vor der Kammer auf das Heraustreten ihres Herrn, um ihm sogleich zu Diensten zu sein und ihn zu begleiten.

E: Ein Ritter, der sich nicht bewaffnen will, bis er in der Schlacht kämpfen muß, wird zu spät dafür bereit sein.

E: Ein Graf oder Herzog kündet für seine Diener ein Festmahl mit erlesenen Speisen an; alle putzen sich heraus und achten auf gepflegtes Erscheinen und gutes Benehmen, keiner sucht sich der Einladung zu entziehen.

E: Ein heiligmäßiger Einsiedler bittet Christus um Offenbarung seines Willens, wie er ihm noch wohlgefälliger leben könne. Der Teufel erscheint in Gestalt eines Engels und gibt ihm an, er müsse Gott den Mond, die Sonne und einen Drittel Roms geben. Traurig ob der Unerfüllbarkeit dieses Ansinnens, berichtet der Fromme einem anderen Einsiedler davon. Dieser erkennt das Rätsel und löst es auf: Was er Gott schenken müsse, sei sein Herz (*c o r* = Sichel des Mondes, Kreis der Sonne, erster der drei Buchstaben von «Rom»).

12

Donnerstag, 20. März, Estavayer: an das Volk

Über die Vergebung der Sünden (I)

E: Jemand, der am Hof eines Mächtigen ein todeswürdiges Verbrechen begangen hat und dies dem Herrn bekennt, wird von ihm zur Strafe sogleich getötet.

E: Einer sehr schönen jungen Frau in einer Stadt machen Burschen den Hof und verführen sie mit Spiel und Geschenken, so daß sie dem Laster verfällt. Die Frau hört in der Kirche eine Predigt, worin der Prediger, der sie erkannt hat und bekehren will, über ihre Laster predigt. Von sehr großer Reue erfüllt, fällt sie vor allen Leuten tot um. Der Prediger will für sie beten lassen, doch eine Stimme vom Himmel bietet Einhalt mit den Worten, daß umgekehrt die Verstorbene für sie bitten werde, da sie wegen ihrer wahren Reue als Heilige im Himmel weile.

I: *Exemplum in Alphabeto narracionis* – Hinweis auf das «Alphabetum narrationis» Arnolds von Lüttich; vgl. Welter, *L'Exemplum* (wie Anm. 15), S. 304ff.; Jörg, *Untersuchungen*, S. 82 Anm. 7.

E: Einen erzürnten Graf, den du beleidigt hast und der das Schwert zückt, um dich zu durchbohren, wirst du inständig um Vergebung bitten.

E: Geschichte vom ungetreuen Verwalter, nach Matth. 18 (vgl. oben Predigt Nr. 4).

13

Donnerstag, 20. März, Vormittag, Estavayer: an den Klerus
Über die sieben Tugendwerke der Schüler Christi

E: Ein jeder Schulmeister hält seine Knaben in Gehorsam, woran der rechte Lehrer und der gute Schüler zu erkennen sind.

E: Wenn ein Laie einen Geistlichen haßt oder umgekehrt, geht dies weniger zu Herzen, weil sie beide wenig miteinander zu tun haben, ebenso wenn zwei Könige, die sich kaum oder nie begegnen, einander mißgünstig sind. Doch verheerend sind Haß und Neid bei Mönchen und Priestern, die häufig zusammen sind.

14

Donnerstag, 20. März, Nachmittag, Estavayer: an die Dominikanerinnen
Über die sechs Tugenden Christi am Kreuz (I)

E: Der Kruzifixus wendet sein Haupt von einer Nonne ab, die aus einem kostbaren, mit Seidenbändern und Gold verzierten Psalterbuch betet, da er die Schlichtheit und Armut liebt.

I: Ps. 118, 37; Matth. 5, 3.

E: Eine vornehme Nonne versucht hartnäckig, einen ins Kloster gekommenen standhaften Freund zu verführen, und spottet über ihren Bräutigam Christus, der noch am selben Tag zum Gehörnten werden würde. Sogleich schlägt ein Blitz ein und verbrennt sie.

15

Freitag, 21. März, Vormittag, Estavayer: an das Volk
Über die Vergebung der Sünden (II)

E: Ein mächtiger König gab seiner geliebten Stadt das Privileg, daß Übeltäter, die ihre Untaten bereuen und sich selbst eine Strafe auferlegen, von anderer Strafe frei bleiben sollen. Die Wirkung des Privilegs wird an einem Bürger gezeigt, der des Todschlags schuldig war und als Buße dafür ein Jahr lang kein Schwert trug.

E: Ein zarter und vornehmer Sohn verläßt eines Tages heimlich seine Familie, tritt in einen strengen Orden ein und züchtigt sich durch harte Askese. Den Vorwürfen der Eltern entgegnet er, wegen seiner schwächlichen Konstitution könne er diese Züchtigungen leichter ertragen als jene, die ihn nach dem Tod in der Hölle erwarteten.

I: Almazàn, *L'exemplum* (wie Anm. 25), S. 323, Nr. 71.

E: Exemplum vom Ritter, dessen Vater getötet wurde (nur Anweisung zur Ausführung eines – dem Redaktor offenbar vertrauten – Exempels).

16

Freitag, 21. März, Nachmittag, Estavayer: an die Dominikanerinnen
Über die sechs Tugenden Christi am Kreuz (II)
E: –

Handschriftenregister

Orts- und Personenregister

Abbildungsverzeichnis

TAFELN

Abb. 1: Gesamtansicht der mittelalterlichen Handschriftenbibliothek des Franziskanerklosters Freiburg.

Abb. 2: Freiburg, Franziskanerkloster, Cod. 9, fol. 11r. Graduale OFM, um 1300.

Abb. 3: Freiburg, Franziskanerkloster, Cod. 3, fol. 95v. Graduale OFM, erste Hälfte des 14. Jahrhunderts.

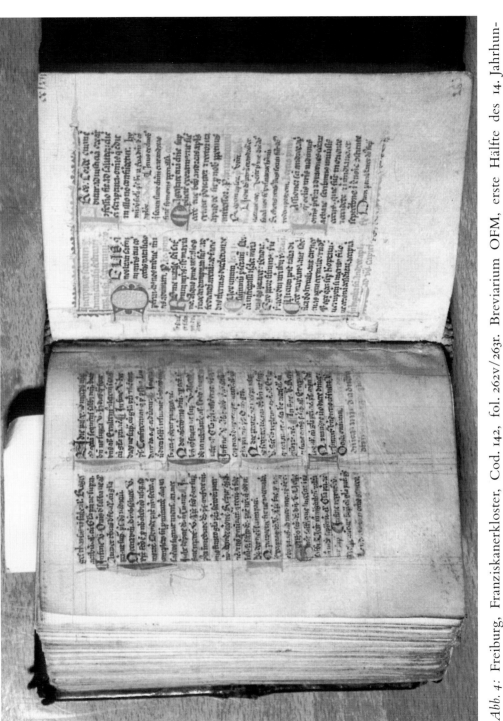

Abb. 4: Freiburg, Franziskanerkloster, Cod. 142, fol. 262v/263r. Breviarium OFM, erste Hälfte des 14. Jahrhunderts.

Abb. 5: Freiburg, Franziskanerkloster, Cod. 6, fol. 165v. Diurnale OFM, 1488.

Abb. 6: Freiburg, Franziskanerkloster, Cod. 28, vor der Restaurierung (hinterer Deckel mit Titelschild).

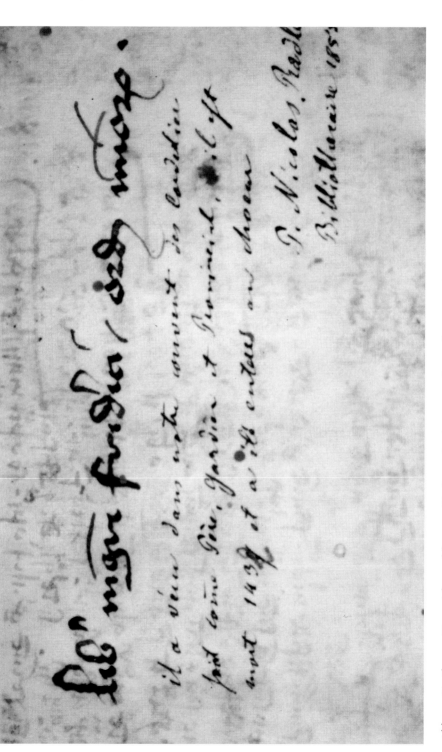

Abb. 7: Freiburg, Franziskanerkloster, Cod. 28, Besitzvermerk Ambergs und Notiz vom Klosterbibliothekar P. Nicolas Raedlé, 1855.

Abb. 8: Freiburg, Franziskanerkloster, Cod. 107, Lederabdeckung und Namenszug Ambergs.

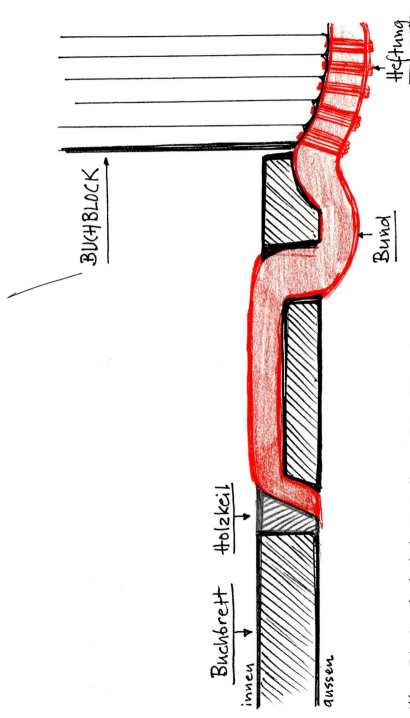

BUCHBLOCK

Heftung

Bund

Holzkeil

Buchbrett

innen

aussen

Abb. 9: Die Grundtechnik der Kapitalkonstruktion (Schema).

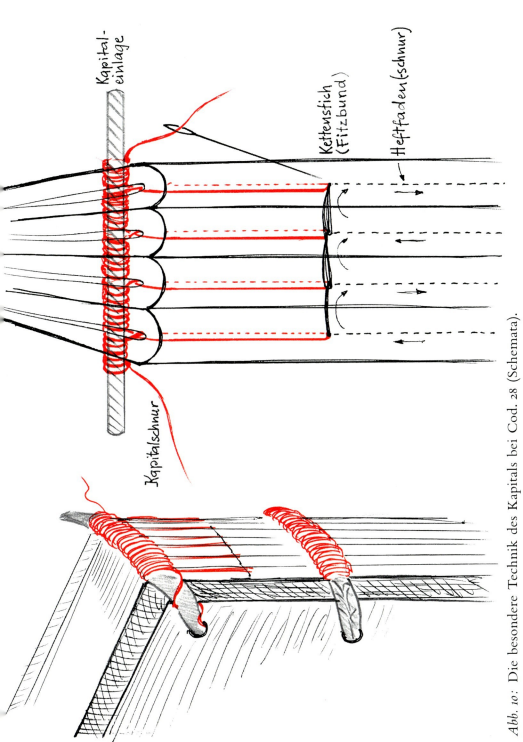

Kapital-
einlage

Kettenstich
(Fitzbund)

Heftfaden(schnur)

Kapitalschnur

Abb. 10: Die besondere Technik des Kapitals bei Cod. 28 (Schemata).

Abb. 11: Freiburg, Franziskanerkloster, Cod. 28, Verankerung der Kapitalschnur
mit der Ledereinlage im Buchbrett (am Fuß des Rückens, Vorderdeckel
unten).

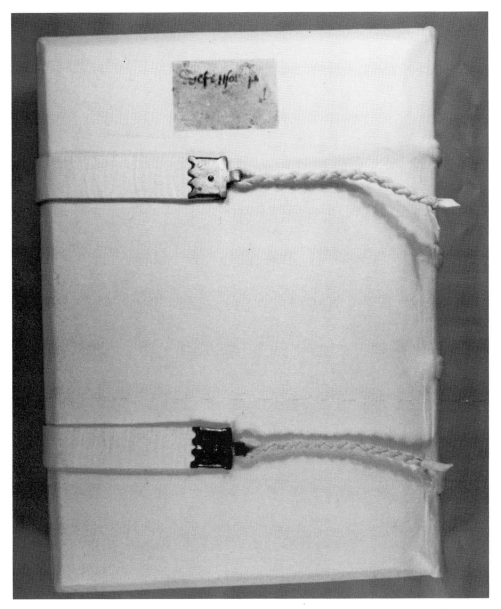

Abb. 12: Freiburg, Franziskanerkloster, Cod. 28, nach der Restaurierung (hinterer Deckel mit wiederverwendetem Titelschild).

Abb. 13: Freiburg, Franziskanerkirche, Altarbild von Hans Fries, 1506: Predigt des
heiligen Antonius von Padua über den Tod des Wucherers.